땅의 역사

땅의 역사 3

군상(群像): 나라를 뒤흔든 사람들

초판 1쇄 | 2021년 8월 9일
초판 2쇄 | 2024년 6월 10일

글과 사진 | 박종인

발행인 | 유철상
편집 | 김정민, 김수현
디자인 | 주인지, 노세희
마케팅 | 조종삼, 김소희
콘텐츠 | 강한나

펴낸곳 | 상상출판
출판등록 | 2009년 9월 22일(제305-2010-02호)
주소 | 서울특별시 성동구 뚝섬로17가길 48, 성수에이원센터 1205호
전화 | 02-963-9891(편집), 070-7727-6853(마케팅)
팩스 | 02-963-9892
전자우편 | sangsang9892@gmail.com
홈페이지 | www.esangsang.co.kr
블로그 | blog.naver.com/sangsang_pub
인쇄 | 다라니
종이 | ㈜월드페이퍼

ISBN 979-11-90938-82-2 (03910)

땅의 역사

3

군상(群像): 나라를 뒤흔든 사람들

글과 사진 박종인

상상출판

일러두기

1. 본문에 등장하는 인물 나이는 2021년 기준의 연 나이로 하였습니다.
2. 본문에 나오는 1895년 이전 연도와 날짜는 음력 기준입니다. 필요할 경우 양력으로 표시한 부분도 있습니다.
3. 인용된 1차 사료 출처는 모두 문장 뒤편 괄호 속에 표기했습니다. 문맥에 맞게 의역한 부분도 있습니다.
4. 단행본·총서·정기간행물에는 겹낫표(『』)를, 인용서에 수록된 글·장·통계자료에는 홑낫표(「」)와 작은 따옴표(' ')를, 노래·미술작품에는 홑화살괄호(〈〉)를 사용했습니다.
5. 본문에서 반복적으로 사용되는 동일 출처 표기에는 일부 정보 생략이 있을 수 있습니다.
6. 보편적으로 알려진 역사적 사실은 따로 인용 출처를 표시하지 않았습니다.
7. 몇몇 인명과 지명은 외래어 표기법을 따르지 않고 독자들에게 낯익은 발음대로 표기했습니다.

작가의 말

이 책을 읽는 법

책 제목 그대로, 이 땅의 역사에 관한 이야기다. 책을 쓴 나 자신과 이 책을 읽어주길 바라는 독자분들의 몸과 영혼, 물질적 토대와 정신적 기반을 규정하고 있는 역사 이야기다. 그런데 이 책은 수험서로는 불량하고 교양서로는 불온하다. 이 땅에서 벌어진 일들에 대해 잔뜩 삐뚤어진 이야기를 이 책은 담고 있다.

이번에 함께 엮은 3권 제목은 '군상(群像): 나라를 뒤흔든 사람들'이고 4권 제목은 '진실과 비밀'이다. 구체적으로는 조선시대에 벌어졌던 여러 가지 일들에 관한 이야기다. 필터로 맑게 걸러낸 '찬란한 역사'를 우리는 잘 알고 있다. 이 책에서는 그 필터에 남아 있는 찌꺼기들을 보려고 한다. 우리가 무심코 지나쳤거나 혹은 이런저런 이유로 은폐됐거나 왜곡돼왔던 참 많은 군상(群像)들의 민낯을 대면하려고 한다.

3권에서는 이런 사람들에 대해 이야기했다. 폭군 연산군에게 저항했던 시인 어무적. 조선 최고 권력자 숙종에게 쓴소리를 했다가 의연하게 죽은 박태보. 권력자에게 대들지 못하고 오히려 자기 권력을 챙겼던 임사홍과 김자점. 그리고 남들이 우주와 철학을 논할 때 자기는 뽕밭과 부엌에 들어가 농사짓는 기술과 음식 만드는 방법을 연구했던, 그래서 백성이 배불리 지내려면 '흙으로 만든 떡'이 아니라 진짜 쌀로 만든 떡이 필요하다고 했던 서유구. 그런 사람들 이야기를 모아보았다.

저마다 자기 시대를 살며 커다란 발자국과 짙은 그림자를 던진 사람들이다. 그런데 그 발자국과 그림자가 가리키는 방향과 깊이는 매우 다르다. 그 시대를 보다 높은 곳으로 옮기기 위해 노력했던 사람이 있고, 그 시대의 악(惡)과 맞서 선(善)과 정의를 실천하려던 사람이 있다.

청나라에서 인질생활을 했던 자기 아들과 며느리에게 질투와 열등감의 칼을 던져버린 국왕 인조. 불의에 항의하는 평민 의병장을 군령 위반 혐의로 처형해버린 유학자 의병장 류인석과 바야흐로 서울 진공작전 전야에 아버지 사망을 핑계로 고향으로 돌아가버린 또 다른 유학자 의병장 이인영, 그 숱한 의병들을 체포해 일신 영달을 추구한 찌질한 친일파 신응희. 이 비상식적인 인물들 또한 지금 이 글로 인연을 맺은 나와 당신 유전자에 맺혀 있는 역사를 만든 사람들이다.

4권에는 이제까지 잘못 알려졌거나 은폐돼왔거나 혹은 전혀 몰랐던 몇 가지 이야기가 실려 있다. 충남 예산에 있는 흥선대원군 아버지 묘인 남연군묘에 얽힌 이야기가 한 예다. '자기 아들과 손자를 왕으로 만들려고 선친 묘를 이장한 곳'이라는 이야기는 다들 안다. 그런데 그 전설 같은 이야기가 어찌 보면 추사 김정희의 세한도(歲寒圖)로 연결되고, 거대하게는 일본 메이지유신까지 연결된다면? 서울 경복궁에서 등에 구멍이 뚫린 채 엎드려 있는 석물(石物)의 정체는? 경기도 광주에서 도공(陶工) 39명이 집단으로 굶어 죽은 이유는? 그뿐인가. '조선의 문예부흥'을 상징하는 영조와 정조가 사실은 조선 후기 막장 정치를 지휘한 지도자였다면? '가련한 개혁군주 고종'과 그 가족이 실상은 식민시대 내내 총독부로부터 받은 막대한 돈으로 배불리 살았다면? 이런 질문에 대한 답이 들어 있다. 우리가 몰랐던 비밀을 찾아내고, 진실이라고 믿고 있던 역사의 껍데기를 벗겨버리는 이야기들이다.

『땅의 역사』 시리즈를 쓰는 이유와 읽기를 바라는 이유는 1, 2권 서문에 썼으니, 그대로 인용하기로 한다.

우리들은 대개 큰 악에 대해 비겁하고 작은 악에 대해 용감하다. 사실 그 사소한 비겁과 사소한 용기가 이 땅을 지탱하는 상식적인 힘이다. 우리는 상식적이다. 하루 살기 바쁜 우리네 인생이 어느 짬에 역사에 남을 만큼 소인배적 악을 저지르고, 대인다운 행동을 할 것인가. 다만 우리는 큰 악을 저지른 소인배에 대해 비난할 줄 알고, 큰 선을 행한 큰사람에게 박수를 보낼 줄 안다. 그런 비난과 갈채를 받을 대상들이 이 책 주인공이다.

찬란한 5000년 역사만 알고 있는 우리를 위해 책을 썼다. 역사는 입체적이어서, 찬란하지만도 않고 추잡하지만도 않다. 그 빛과 어둠이 합쳐서 만든 역사 위에 우리가 산다. 앞으로도 우리는 그런 역사를 만들 것이다. 미래 역사는 되도록 찬란함이 더 많았으면 좋겠다. 그러기 위해서는 옛날에 벌어진 추함을 알아야 한다. 그래야 비겁함과 무능, 실리 없는 명분으로 행했던 일들을 반복하지 않을 수 있다. 권력을 잡은 이들로 하여금 그런 추함을 저지르지 않도록 감시할 수 있다.

위대한 배달민족이 남긴 찬란한 역사만을 알고 있는 분들은 심호흡을 하고 페이지를 넘기기 바란다. 소인배의 행태에 분노하다가, 대인(大人)들이 행한 덕행에 위로받기 바란다. 역사는 우리가 우리 손으로 만든다. 이 땅에는 그 역사가 온전하게 남아 있다. 땅은 역사다.

2021년 7월.

차례

1장 정치와 정치인

사람이 하늘이니라

2장 개혁과 반동

소리 내 울 곳이 없구나

차례

3장 전쟁과 군상

장엄했으며 처절하였니라

4장 상남자

그 발자국이 너무도 깊으니

1장

정치와 정치인

사람이 하늘이니라

정읍 피향정 비석군

01 신하는 임금이 아니라 의를 따르는 것이다

연산군 폭정에 대처한 네 가지 자세 1 : 시인 어무적과 대사간 류헌

1494년부터 1506년까지 연산군 재위 기간을 겪었던 네 사내에 관한 이야기다. 이름은 어무적魚無跡, 류헌柳軒, 김처선金處善과 임사홍任士洪. 순서대로 직업은 시인, 감사원장 격인 대사간, 왕의 심부름꾼인 환관과 판서다.

연산군 때 사람인 어무적은 아비가 양반이요, 어미는 관비인 얼자孼子다. 평생 변변한 벼슬 하나 하지 못했으나 글은 잘 썼다. 같은 시대 살았던 허균은 그가 쓴 시 「유민탄流民歎」을 동방 제일이라고 평했다.(허균, 『성소부부고』 권25, 「성수시화」) '유민탄'은 '흩어진 백성을 위해 탄식함'이라는 뜻이다.

'사람들아 사람들아 살기 어려워라 / 흉년에 너희 굶을 때 / 나 너희 구하려는 마음은 있으나 / 구할 힘이 없구나 / 사람들아 사람들아 불쌍도 하여라 / 추운 날 이불도 없는 너희들인데 / 저들은 너희 구해줄 힘은 있되 / 구하려는 마음은 없구나'(신용개, 『속동문선』 권5, 「유민탄」)

경복궁 근정전. 임진왜란에 불에 탈 때까지 조선 왕국의 법궁으로 사용되던 궁궐이다. 연산군은 이 궁궐에서 사치와 방탕과 탐욕과 여색을 누리며 살았다.

그 자신이 대접 못 받고 힘 없는 처지이니 나라 백성 사는 꼴이 거지 같아도 도울 힘이 없다는 말이다.

그때 백성의 삶은 비루한 지식인 하나가 구제할 수 있는 정도가 아니었다. 절대적인 빈곤이 문제였다. 빈곤은 폭정에서 나왔다. 1499년 왕실 족속 생일에 올리는 생선이 4800마리였고 관청용 사슴 육포는 사슴 많은 강원도와 함경도가 각각 2127근과 2851근이었다. 사슴이 살지 않는 고장에서는 이를 모두 사서 조달하거나 사슴 사냥길에 아예 집을 버리고 떠도는 판이었다.(1499년 3월 27일『연산군일기』) 이는 사소한 예였다. 어무적에 따르면 공물 조사를 나온 서울 관리들은 귀를 닫았고, 강압에 질린 백성은 입을 닫고 살았으니(京官無耳民無口·경관무이민무구: 유민탄) 모순이 해결될 리 만무했다.

이에 1501년 연산군 7년 한여름, 어무적이 과감하게 왕에게 상소했다. "금년 봄에 주상께서 내린 구언교지(내용 여부를 일체 탓하지 않고 상소를 구하는 교지)에 아무 충언이 없기에 한 말씀 올리나이다." 어무적은 '근본을 바로잡고' '입을 꽉 다문 선비들 입을 열게 하고' '여자와 술을 멀리하여 백성들 재물을 넉넉하게 하고' '불교를 금하고' '토목사업을 중지하라'고 충언했다. 연산군은 이 상소에 아무 대답을 하지 않았다.(1501년 7월 28일『연산군일기』)

상소를 올린 어무적 앞에 기이한 풍경이 펼쳐졌다. 고향 김해 주민이 귀한 매화나무를 잘라버리는 게 아닌가. 매실 진상 요구를 견디지 못한 것이다. 또 시를 썼다.

'향기 풍기는 군자, 세상에 없다 / 백성이 밥 한 그릇 먹으면 / 벼슬아치들 침 흘리며 달려든다 / 매화에 황금 열매가 달리면 / 갑절로 거둬들이고 / 걸

핏하면 매질이다 / 이 모두 매화 탓이니 / 어찌 베어버리지 않겠는가'(『패관잡기』, 「작매부斫梅賦: 매화를 잘라버리다」)

시를 읽게 된 김해 원님이 고맙습니다, 라고 할 리 없었다. 어무적은 눈에 불을 켜고 쫓아다니는 관리들을 피해 도망다니다 객사했다. 그 자신이 유민流民이 되어버린 것이다.

미치광이가 더 미쳐가기까지

홍문관과 사간원 그리고 사헌부, 이 삼사三司는 왕에게 간섭과 충언과 직언을 할 권리 및 의무를 제도적으로 가진 기관이다. 판단 기준은 합리성이요 처신은 투명한 사람을 가려 뽑는 삼사 관원을 사람들은 청요직淸要職이라고 불렀다.

1493년 10월 27일 연산군 아버지 성종이 삼사 관리에게 물었다. "신하가 왕명을 따르지 않으면 의리에 합당한가?" 종3품 홍문관 전한典翰 성세명이 이리 답했다. "신하는 의義를 따르고 임금을 따르지 아니합니다(人臣之道從義而不從君·인신지도종의이부종군)."(1493년 10월 27일 『성종실록』) 성리학적 윤리가 골수까지 스민 사림士林에게는 대의大義가 왕보다 위였다.

이듬해 12월 24일(양력 1495년 1월 20일) 성종이 죽었다. 다음 날 오전 7시 선왕 염습이 거행되고 문무백관이 창덕궁 인정전에서 곡哭을 했다. 염습이 끝나고 제사상에 제물을 올릴 차례가 왔다. 차기 왕인 세자가 바로 일어나 인정전 밖으로 나갔다. 우의정 신승선이 세자에게 "도로 들어가서 모든 예가 끝나면 나오시라"고 아뢰었다. 세자가 거부하자 좌의정 노사신이 "임금은 일

반 사람과 다르다"며 재촉을 하는 것이다. 그제야 세자는 인정전으로 돌아갔다.(1494년 12월 25일『연산군일기』) 우리나라 나이로 스무 살인 차기 왕이 등극하기도 전에 아랫사람에게 간섭을 당한 것이다.

다음 날에는 불교식 제사 수륙재를 지내지 말라는 간섭이 들어왔고, 이듬해 6월에는 성종 국상 기간에 술집을 들락거린 성종의 처남이자 새 왕의 외삼촌인 윤탕로를 왜 처벌하지 않느냐고 삼사에서 아우성쳤다. 수륙재를 강행하려는 국왕에게 삼사는 한 달 동안 93번의 반대 의사를 밝혔다. 윤탕로 처벌을 요구하는 간쟁은 석 달 동안 자그마치 214번이었다.(송웅섭,「연산군 초반 정치적 갈등에 대한 구조적 접근」,『인문과학연구』20, 덕성여대 인문과학연구소, 2015)

집권 후반기에 총체적인 미치광이 짓거리를 하기 전부터 연산군은 어무적이 본 대로 환락에 미쳐 있었다. 왕권에 집착하는 새 왕과 이들 삼사의 갈등은 예견된 일이었다. 모든 시작은 모든 끝의 원인이었다.

암군, 족쇄를 벗어던지다

그리하여 집권 4년째인 1498년 7월 연산군은 삼사를 장악한 사림의 수장 김일손을 제거하고 그 일파에게도 처형과 유배형을 내렸다.(무오사화) 그리고 연산군은 살아남은 자들에게 "은혜를 베풀었거늘, 앞으로는 절대 용서하지 않는다"고 엄포를 놓았다.

그는 넉 달 뒤인 11월 9일에 김영정을 사헌부 대사헌에 임명했다. 실록 사관은 김영정이 "사대부가 모두 염증이 나서 피하므로 용렬하고 나약한 영정이 헌부의 장이 되었다"고 평했다.(1498년 7월 29일, 11월 10일『연산군일기』)

입맛에 맞는 순한 사람을 검찰총장에 앉혔으니 이후 정치는 뻔했다. 바깥으로는 만백성 재산을 마음대로 빼앗는 난동을 자행하고 안으로는 마음에 들지 않는 자들을 별의별 비상식적인 혐의를 씌워 체포하고 고문한 뒤 기발하기 짝이 없는 형벌로 처형하는 미치광이 작태를 벌여나갔다.

성종의 왕비인 친어머니 윤씨 복위를 시도하다가 이를 반대하는 신하들 가운데 '죽은 뒤에 관을 쪼개고 송장의 목을 베는 형'으로 처형당한 이가 부지기수였고, '죽인 뒤 한참 지난 해골을 부수어 바람에 날리는 형'을 받은 이도 부지기수였다.(1504년 갑자사화) 집권 초부터 집착했던 여색女色과 식도락과 사치는 더 심해져갔다. 연산군을 몰아낸 중종반정 무리가 『연산군일기』를 저술했지만, 절반을 접고 읽어도 처절하고 참혹한 시대였다.

마지막 남은 대사간, 류헌

'모든 일을 먼저 정한 뒤에 회의에 넘기니 재상들은 이의가 없고 모두 하교가 지당하다고만 했다.'(1504년 4월 23일 『연산군일기』)

모두가 암군暗君에게 머리를 조아릴 때 입을 연 사람이 대사간 류헌이었다. 연산군 1년 사헌부 지평에 임명된 류헌은 그 모든 풍경 속에 입장해 곧은 소리를 해댔다. 류헌이 주로 문제 삼은 부분은 재정이었다. 집의 시절인 1500년, 왕실 금고인 내수사의 이자 놀이를 문제 삼았다. 4년 뒤인 1504년 또다시 이 문제를 꺼내들어 재물에 미친 연산군의 역린逆鱗을 건드렸다.(1500년 8월 14일, 1504년 6월 4일 『연산군일기』)

외직으로 쫓겨났다가 류헌은 이듬해 대사간으로 복귀했다. 복귀하자마자 그가 내던진 말은 "왜 내수사의 이자 문제를 해결하지 않는가"였다. 왕명 절

암군 연산군을 상징하는 두 비석. 왼쪽은 경기도 고양에 세운 출입금지령 '금표비'. 오른쪽은 서울 방학동에 있는 연산군묘 묘비. '왕(王)'이 아니라 '군(君)'이다.

대복종을 요구했던 연산군은 이번에는 참지 않았다. 연산군은 "류헌이 어짊을 알지만 죄주지 않을 수 없다"고 선언했다.(1504년 6월 17일 『연산군일기』) 6월 25일 연산군이 직접 형량을 선고했다. 곤장 100대와 제주도 유배 및 관노. 목숨만 부지할 뿐, 가지고 있던 모든 것을 빼앗는 중형이었다. 다음 날 류헌은 왕이 보낸 승지 권균의 감시하에 곤장을 맞고 제주도로 떠났다.

끝이 아니었다. 이듬해 4월 25일 실록에는 '류헌을 법에 따라 장 80대에 처해 유배지로 돌려보냈다'라고 기록돼 있다. 분이 풀리지 않은 군주가 류헌을 불러내 추가형을 언도하고 집행한 것이다.

이 또한 끝이 아니었다. 연산군이 쫓겨나고 중종의 시대가 왔다. 1506년 10월 13일 제주도에서 보고가 올라왔다. 유배에서 풀려나 배를 탔던 류헌이 해적 습격을 받았다는 것이다. 생사불명이던 류헌은 결국 대마도 왜구에 의해 살해된 것으로 밝혀졌다. 암군 시대는 갔지만 마지막 곧은 사내도 떠난 것이다. 허망하되 의롭게.

02 간신을 몽둥이로 죽이고 관을 깨뜨려 목을 또 베었다

연산군 폭정에 대처한 네 가지 자세 2 : 간신 임사홍과 의로운 내시 김처선

젊은 그는 문장에 능하고 총명하며 강직하여 직언을 곧잘 하다가 뭇사람들 눈 밖에 나 궐 밖을 떠돌았다. 성종이 죽고 연산군이 즉위하매, 그의 시대가 도래하였다. 다, 죄다 죽이고 폐주에게 젖은 낙엽처럼 붙어살았다. 어리석고 난폭하고 음탕한 권력자에게 아녀자들을 바치며 살았다. 연산에게 증오감을 보인 아들까지 희생시키며 자기 자리를 보전하였다. 패기 있고 정의로웠던 젊은 날을 버리고, 사욕과 복수심에 눈이 멀어 생을 망가뜨리고 공동체를 망가뜨리고 국가를 말아먹은 임사홍任士洪(1445~1506)의 이야기다.

패기 넘치는 관리 임사홍의 추락

성종의 재위 9년째인 1478년 4월 1일 한성에 황사비가 내렸다. 어떤 이는 보지 못했다고 했으니 그리 많은 비는 아니었다. 그럼에도 성종은 이를 하늘이 왕에 내리는 경고, 재변災變이라고 규정하고 이 경고를 해결할 방안을 내놓으라 명했다. 그때 성종은 세조 쿠데타 공신들에게 에워싸여 있었는데, 이들을 견제할 필요가 있었다.

그러면서 성종은 예를 들었다. "내 세금이 과했는가?" "내가 공사를 자주 했는가?" "내가 내린 형벌이 적절치 못했는가?" "내가 사람을 잘못 썼는가?" "내가 탐학한 수령을 못 적발했는가?"(1478년 4월 1일 『성종실록』)

황사비가 내린 이유를 묻겠다고 해놓고 왕이 그 이유를 미리 밝혀버렸으니 훈구대신들에게는 아프기 짝이 없는 구언교지였다.(정출헌, 『황사비와 구언전지』, 한국고전번역원, 2017) "뭐 먹을래? 나는 짜장면" 하는 이 고약한 직장 상사 앞에서 대신들이 그제야 저마다 의견을 내놓았는데, 주로 사치를 금하고 술을 금하라는 내용이었다. 그때 왕실 비서실장 격인 도승지 임사홍이 다른 말을 내놓았다. "마음만 반성하면 되지 자연현상 때마다 금주禁酒를 해대면 어찌 살라는 말인가. 금해봤자 벼슬아치들은 무사하고 백성들만 적발될 뿐."(1478년 4월 21일 『성종실록』)

도승지 임사홍은 문장에 능하고 글씨에 능하며 직언을 서슴지 않는 관료였다. 그런 그가 왕도, 사림도 기대 않던 말을 하니 회의장은 난장판이 되었다. 임사홍은 그날로 사림에게 '소인小人'으로 찍혀 퇴출 대상이 되었다.

임사홍의 맏아들 광재는 선대 예종의 사위였다. 성종은 유능한 관리이자 왕실 사돈인 임사홍을 변호했지만, 삼사를 장악한 사림은 처단을 요구했다. 결국 임사홍은 그 다음 달 의주로 유배형을 당했다. 서자 출신으로 세조에게 눈에 띄어 출세한 유자광도 싸잡혀 동래로 유배당했다.(1478년 5월 8일 『성종실록』)

정3품 통정대부 도승지 임사홍은 백수로 10년을 살았다. 10년 뒤 성종은 임사홍에게 절충장군 부호군 관직을 하사했다. 종4품이자 실권 없는 무반직이다. 삼사가 전원 반대했지만 성종은 관철시켰다. 또 3년 뒤 성종은 딸 휘숙옹주를 임사홍 넷째 아들 숭재에게 시집보냈다.(1491년 8월 27일『성종실록』)

하지만 임사홍은 여전히 백수였다. 왕실을 장악한 사림은 전원이 그를 소인이라 부르며 관직 중용을 거부했다. 1494년 성종이 죽고 연산군이 등극했다. 문득, 한 많은 임사홍에게 시대가 열렸다.

연산군의 기 싸움과 임사홍의 부활

임숭재의 아내 휘숙옹주는 연산군이 예뻐하는 누이동생이었다. 중종반정 세력이 쓴『연산군일기』에 따르면 임숭재는 '자기 여동생을 연산군과 동침하게 하고, (왕이 좋아하는) 처용무를 추며 왕 앞에서 온몸 마디마디로 재롱을 떨어 왕의 악惡을 키우는 데 못 하는 일이 없었다. 병들어 죽게 되자 숭재가 왕에게 남긴 말은 "미인美人을 바치지 못한 게 한"이었다.'(1505년 11월 1일『연산군일기』)

그런 아들 덕에 임사홍은 부활했다. 등극 2년째, 연산군은 임사홍의 품계를 한 등급 올리라 명했다. 삼사에서 "간교함이 한이 없으므로 불가하다"고 반대했다.(1496년 7월 25일, 8월 5일『연산군일기』)

기싸움이 시작됐다. 1497년 4월 3일 연산군이 그에게 정3품 가선상호군 품계를 내렸다. 대간이 전원 사표를 내버렸다. 연이은 반대 속에 그해 12월 27일 연산군은 임사홍의 품계를 올려 종2품 가선대부 상호군으로 삼아버렸다. 임금의 매제인 아들 '빽'과 거친 임금의 기 싸움 와중에 임사홍은 위세도, 벼슬도 수직 상승해갔다. 이렇게 임사홍의 품계를 상승시키고 마침내 연산군이 "임사홍을 관직에 기용하라"고 대놓고 명했다.(1503년 1월 21일 『연산군일기』) 절치부심에 와신상담하던 임사홍이 드디어 입궁한 것이다.

복수극, 그리고 아들의 희생

그 사이 무오사화가 터졌다. 사림의 거두 김종직이 세조를 비난하는 글을 썼다가 적발된 사건이다. 무오사화를 기획한 간신은 김종직에게 앙심을 품고 있던 유자광이었다. 그런데 그 아들 유방 또한 사건에 연루됐음이 드러났다. 유자광은 연산군에게 아들 사면을 탄원했고 연산군은 유방을 석방하라고 명했다.(1498년 8월 23일 『연산군일기』) 임사홍 둘째 아들 희재 또한 이 사건에 연루됐다. 이목이라는 사람 집에서 임희재 편지가 나왔는데, 내용이 불손했다. 연산군은 임희재를 곤장 100대와 유배형에 처하게 했다.(1498년 7월 27일 『연산군일기』) 아비는 무사했다.

그리고 문제의 갑자사화가 터졌다. 연산군이 재위 내내 벼르고 있던 친모 윤씨의 폐비 사건을 공론화한 것이다. 연산군은 재위 10년째인 1504년 봄부터 피바람을 일으키며 연루자들을 죽여 나갔다.

연산군에게도 복수였고, 임사홍에게도 복수였다. 중종반정 세력이 쓴 연산군일기에 따르면 공조참판으로 조정에 복귀한(국사편찬위, '조선왕조실록 인물정보') 임사홍은 '오래도록 폐출돼 원한이 골수에 사무쳐 죄를 얽어 사건을 만들었다.' 임사홍을 비롯한 정승들과 판서들은 혐의를 확정한 자들을 처형하고 참시斬屍(시체의 목을 자름)하자고 결의했다.(1504년 윤4월 20일 『연산군일기』)

임사홍의 아들 희재 또한 갑자사화 때 목숨을 잃었다. 무오사화 때 유배형으로 죽다 살아났으나, 그가 써놓은 글이 문제였다. 허균의 형 허봉(1551~1588)이 쓴『해동야언』에 따르면, 어느 날 임사홍 집에 들렀던 연산군이 '요순을 섬기면 태평성대이거늘, 진시황은 무슨 일로 사람들을 괴롭혔나'라 쓴 병풍을 보았다. 연산군이 필자를 물으니 임사홍이 "아들 희재가 썼다"고 답했다. 분노한 연산군이 "내가 그를 죽이려 하니 경의 뜻은 어떤가" 하고 물으니 사홍이 꿇어앉으며 "일찍 아뢰고자 했는데, 제 아들이 원래 성품과 행실이 불순하다"고 답했다.

어떤 사람은 말하기를, "임희재는 항시 그 아비 잘못을 간하였으므로 임사홍이 좋아하지 아니하여 참소한 것이다"라고 하였다.(허봉,『해동야언』,「무오당적」) (허봉은 이 일화를 '무오사화' 관련 항목으로 기록했는데, 역사적 맥락으로 볼 때 갑자사화가 더 신빙성이 있다.) 무오사화의 지휘자 유자광이 자기 아들을 살린 탄원과 극명하게 대비되는 일화다. 그래서 임사홍의 아들 희재는 살점이 조금씩 뜯겨나가는 끔찍한 능지처사형을 당했고(1504년 10월 28일『연산군일기』), 아비 임사홍은 이후 승승장구했다. 딱 2년.

배신의 대가, 조소와 죽음

1505년 봄날, 연산군이 대신들에게 일렀다. "기생은 공물公物(공적인 재산)이니 함부로 첩으로 삼지 말라." 모두가 "지당하십니다"라 답했다. 그리고 연산군이 또 물었다. "임금과 신하는 한마음이어야 하니, 임금 앞에서 서로 따지고 드는 것은 옳지 않다." 임사홍이 답했다. "정치는 물 흐르듯 거스름이 없어야 하니 분부가 지당하시나이다."(1505년 5월 29일『연산군일기』)

넉 달 뒤 임사홍은 채홍사採紅使로 연산군에게 바칠 기생을 고르러 개성으로 떠났다. 그런데 연산군이 제시한 미모와 노래와 태도 세 가지 기준 가운데 노래에 능한 여자가 없다고 연산군에게 보고했다. 연산군이 이리 답했다. "선비들에게 수십 년 배척받던 자를 내가 특별히 물에서 건져줬으니 힘을 다해 나라를 위해야 하거늘 사홍은 참으로 소인이구나."(1505년 9월 18일 『연산군일기』)

그때 임사홍 나이 예순이었고, 벼슬은 병조판서요 봉작은 종1품 숭록대부였다. 아들을 희생시키고 얻은 껍데기밖에 없는 권력이었다. 자기를 10년 넘도록 바닥으로 떨어뜨린 사림들에게 복수는 했지만, 그 자신이 즐길 권력은 없었다. 겉은 권력 냄새가 덕지덕지 묻어 있었으나, 폭군의 혀에 불과했다. 그 폭군은 일찌감치 무오사화 때부터 "임희재 아비가 소인이더니, 아들도 똑같

경기도 여주군 여주읍 능현리 산 25-5번지 임사홍 묘. 산 25-5번지 일대는 풍천 임씨 선산이다. 성종~연산군 때 관료 임사홍도 여기에 묻혀 있다.

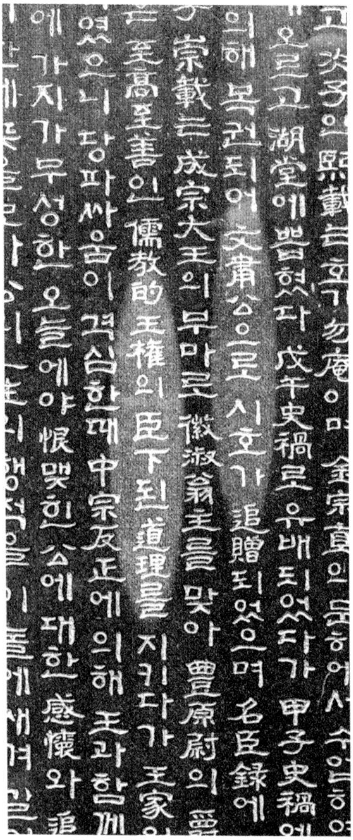

1997년 임사홍 후손들이 세운 묘비. '신하된 도리를 지키다가'라는 문구가 눈에 띈다. 비석 옆에는 갑자사화(1504) 때 연산군이 죽인 임사홍 둘째 아들 임희재의 후손도 입석에 동참했다고 적혀 있다. 임사홍 아들 임희재는 훗날 복권돼 '문숙공' 시호를 받았다.

구나"라며 사홍을 업신여긴 터였다.

이듬해 9월 2일 밤 중종반정이 터졌다. 임사홍은 반군에 의해 몽둥이에 맞아 죽었다. 『중종실록』에는 '끌어내 쳐 죽였다(引出擊殺·인출격살)'고 돼 있고 『연산군일기』에는 '몽둥이로 죽였다(椎殺·퇴살)'라고 기록돼 있다.(1506년 9월 2일 『연산군일기』) 그달 26일 반정 세력은 땅에 묻힌 임사홍을 관을 부수고 끄집어낸 뒤 목을 잘랐다. '부관참시剖棺斬屍'라고 한다.

"상감은 다리 없어도 걷겠소?"

대신들이 기생은 공물이며 논쟁은 금지라는 말에 "지당하십니다"를 외치기 두 달 전 환관 김처선이 죽었다.(1505년 4월 1일 『연산군일기』) 김처선은 "임금 네 분을 섬겼지만 전하처럼 행동하는 이는 없었다"고 연산군에게 직언했다. 말을 마치기도 전에 연산군은 그를 화살로 쏴 넘어뜨리고 다리를 잘라버리고는 일어나라 명했다. 김처선은 "상감은 다리가 없어도 걷소이까"라 힐난했다. 연산군이 그 혀를 잘라버리고 배를 갈라버렸는데, 죽을 때까지 말을 그치지 아니하였다.(조신, 『소문쇄록』, 1525) 그의 최후에 대한 기록은 이게 전부다. 장황한 임사홍의 기록보다 강하고 장엄하다. 땅의 역사

서울 노원구 월계동 비석골근린공원에 서 있는 석물들. 골짜기 위쪽 초안산에 버려진 내시(환관) 무덤에서 모아온 석물들이다.

03 몸을 두루 인두로 지졌으나, 박태보는 의연하였다

모든 고문 다 당하고도 의연했던 의인 박태보

경기도 의정부에 있는 박태보의 묘. 긴 장마 속에 무덤 앞에는 분홍색 무릇꽃 몇 줄기가 솟아올라 있다. 묘는 아버지 서계 박세당 고택 안에 있다.

영조 시대에 많은 고문과 형벌이 폐지되었다. 인두로 발바닥을 지지는 낙형烙刑과 사금파리 더미 위에 꿇어앉힌 뒤 피의자 무릎을 바위로 짓이기는 압슬형壓膝刑이 대표적인 잔혹 형벌로 인정돼 공식적으로 폐지되었다. 포도청에서는 주리를 트는 전도주뢰형剪刀周牢刑 또한 금지되었다. 비록 이 형들을 다 사용해 정적을 제거한 다음이긴 했지만, 영조가 한 조치는 획기적인 일이었다.

그런데 영조보다 앞선 숙종 때, 박태보朴泰輔(1654~1689)는 이 고문들을 하룻밤 만에 한꺼번에 받고 죽었다. 서른다섯 살 젊은 관료가 맞은 최후가 워낙 극적인지라, 그가 속한 서인西人 당색은 물론 적이었던 남인南人들까지 그 의연함을 기렸다. 자백을 받기 위해 행한 잔혹한 고문, 그 고문을 행한 권력자, 그리고 고문에도 의지를 굽히지 않은 관료가 주인공인 1689년 여름밤의 이야기다.

막강 왕권 숙종과 장희빈

1674년 8월 18일 현종이 죽었다. 닷새 뒤 왕세자가 창덕궁 인정문에서 즉위 교서를 발표하고 왕위를 이어받았다. 숙종이다. 8월 25일 임금을 보좌하는 전현직 대신들에게 숙종이 말했다. "내 나이가 어려서 아는 것이 없으므로 믿는 것은 오직 경卿 등이 바르게 보필하는 힘뿐이다."(1674년 8월 25일 『숙종실록』)

그때 숙종은 열세 살이었는데, 그 '경'들이 겪어보니 호락호락한 군주가 아니었다. 숙종은 소위 '경신환국庚申換局(1680)' '기사환국己巳換局(1689)'과 '갑술환국甲戌換局(1694)'을 통해 하루아침에 서인과 남인 정권을 갈아치우며(換局·환국) 왕권을 강화해갔다. 그 기세로 하여 온 조정에서 두려워 떨지 않은 사람

이 없을 정도로 무서운 왕이었다.(이건창, 『당의통략』, 자유문고, 2015, p143)

이 가운데 기사환국은 희빈 장씨와 왕비 민씨(인현왕후)에 얽힌 사건이었다. 숙종은 왕비 민씨와 혼인 후 8년 동안 아이가 없었다. 1689년 1월 15일 태어난 지 석 달 된 후궁 장씨 소생 아들 이윤을 적장자로 선언하고 장씨를 희빈으로 삼았다. 남인은 희빈 장씨를 지지했고 노론老論은 왕비 민씨를 지지했다. 집권 세력인 노론은 반대했지만 숙종은 야당인 남인을 등에 업고 이를 강행했다. 그리고 숙종은 노론인 영의정 김수흥을 파직하고 노론 영수 송시열에게 유배형을 내렸다. 주요 관직에 있던 노론을 대거 몰아내고 남인으로 채웠다. 그해 4월 25일 노론과 소론으로 갈라져 있던 서인 86명이 연명으로 이를 반대하는 상소를 올렸다. 박태보의 비극은 그날 시작했다. 총애하는 여자와 고대하던 아들을 반대하는 상소를 바로 이 젊은 박태보가 대표 집필한 것이다.

그 아버지에 그 아들, 박세당과 태보

'나는 소론 선배 가운데 박세당을 가장 좋아한다. 문장과 지조는 오염된 세상 풍속에 경종을 울리기에 충분하다.'(심노숭, 『자저실기』, 안대회 역, 휴머니스트, 2014, p203)

박세당은 박태보의 아버지다. 송시열 이후 노소론으로 갈라진 서인 가운데 소론 영수였다. 그 아들이 박태보다. 지기志氣가 높고 시비를 가리는 데는 논리가 정연하고 과감한 사내였다. 강직과 논리에는 서로 지려 들지 않는 부자였다. 아들은 "아버지의 글은 명재 윤증과 약천 남구만 아래"라고 대놓고 말하고, 아비는 "네가 나를 너무 가볍게 본다"고 답하는 사이였다. 집 마당 살구나무 열매 개수를 놓고 내기를 했다가 아들이 틀려 꾸짖었더니 기어이 아

들이 하나를 더 찾아내 이기고 마는 그런 사이기도 했다.(심노숭, 『자저실기』, p377, p567)

그 강직한 성격 탓에 아버지는 노론에게 사문난적斯文亂賊(주자의 아름다운 글을 어지럽히는 도적: 노론이 정적들을 몰 때 쓰던 말)으로 몰렸다. 아들은 최고 권력자로부터 고문치사拷問致死 당했다.

331년 전 여름밤의 잔혹극

"인심과 하늘의 뜻은 억지로 어길 수 없나이다. (여자들끼리) 서로 무함과 알력이 생기니 뒤로 미칠 화禍가 이루 말할 수 없으리다."(1689년 4월 25일 『숙종실록』) 늦은 밤 올라온 서인의 연합 상소에 숙종은 "그냥 나를 폐위시키라고 하라"며 삼경三更(오후11시~오전1시) 전에 인정문 앞에 형구를 준비하라고 명했다. 내시가 헐떡이며 달려와 "한밤중이라 준비가 불가능하다"고 하자 "비가 억수같이 쏟아져도 친히 국문하겠다"며 친국을 강행했다.

상소에 동참했던 이세화가 "이번에 안 되면 거듭해서 꼭 허락을 받자"고 하자 소두疏頭(대표 상소인) 오두인은 "그럴 겨를이 없을 것"이라고 말했다. 박태보는 오두인에게 "누가 썼냐고 물으면 반드시 내가 썼다고 하라"고 당부했다.(이긍익, 『연려실기술』 권35, 「숙종조고사본말」, '원자명호를 정하다')

맨 먼저 심문을 받은 오두인이 박태보가 대표 집필했다고 자백했다. 이어 박태보에게 숙종이 자초지종을 물으니, 박태보는 모두 사실이라고 답했다. 숙종이 말했다. "이런 독물毒物은 곧바로 머리를 베어야 한다." 대신들 만류에 숙종은 곧바로 장杖을 치라 명했다.

한차례 장을 맞은 박태보가 이리 답했다. "비록 못났으나 대의大義가 뭔지 아니, 나는 전하를 배반한 적 없나이다.” 숙종이 소리쳤다. “네가 더욱 독기를 부리는구나. 매우 쳐라, 매우(猛杖猛杖·맹장맹장)!”

박태보의 기개와 죽음

박태보가 “우리가 무슨 무함을 했나이까”라 말했다. 숙종은 “들을 필요 없으니 계속 치라”고 명했다. 그때 이미 왕에게는 기필코 죽이려는 의도가 보였다(示必殺之意·시필살지의). (1689년 4월 25일 『숙종실록』) 박태보는 한마디도 실수 없이 평상시처럼 태연하였다.

“끝내 비명을 지르지 않으니 참으로 독물이다. 빨리 장을 치라!” 박태보가 말했다. “어찌하여 이런 망국적인 일을 하십니까!” 숙종이 이렇게 말했다. “어째서 저 입을 치지 않는가!”

숙종은 다시 오두인을 불러 문초하며 장을 치라 명했다. 늙은 오두인은 비명을 지르다 말이 끊겼다.

대신들이 “날이 새려고 한다”며 중단을 청했다. 숙종은 “일없으니 죄인을 구하려거든 너희들이나 나가라”고 답했다. 그리고 다시 박태보를 끌어내 장을 때렸다. 숙종이 말했다. “사실을 고하지 않으면 압슬壓膝할 것이다.” 박태보가 답했다. “이미 다 말했나이다.” 숙종은 곧바로 무릎을 꿇려 짓이기라 명했다. 그는 뜻을 굽히지 않았다. 그러자 숙종은 낙형烙刑을 가하라고 명했다. 박태보는 때로 신음소리를 냈지만 끝내 정신줄(神氣·신기)은 어긋나지 않았다. 이에 임금은 “옷을 벗기고 두루 지지라” 명했다. “오늘 네가 살 것 같으냐?” 인두가 양다리와 넓적다리까지 이르자 나장이 “법에는 발바닥만 낙형하도록 돼 있다”고 머뭇대며 말했다. 박태보는 이후 또 발바닥에 낙형을 받았다.(1689

년 4월 25일『숙종실록』)

낙형과 압슬형은 모두 열세 번 짓이기고 지지는 걸 1회로 치니, 박태보는 모두 스물여섯 차례 몸이 지져지고 무릎이 짓이겨졌다. 태보는 살가죽과 살이 문드러지고 벗겨져 피가 얼굴에 가득 흘러도 오히려 얼굴을 바로잡고 안색을 바꾸지 않았다. 이어 장을 더 맞으니 정강이뼈가 튀어 나왔다. 사람들이 무릎을 싸맬 천을 찾자 박태보가 "내 도포 소매를 찢어서 쓰시오"라 말하고는, 소매 속 부채를 옆 사람에게 꺼내주며 "움직이는 데 꽤 방해가 되니 집에 전해주오"라고 말했다.(『연려실기술』 권35, 「숙종조고사본말」, '원자명호를 정하다') 1689년 4월 25일자 실록 사관은 이렇게 기록했다. 박태보는 '임금 노여움

박태보의 묘표. 오른쪽은 '泣血(읍혈: 소리 죽여 피눈물로 통곡함)'. 아들 필모가 썼다. 왼쪽은 '噫(희: 슬프도다)'. 외삼촌 윤증이 쓴 글 마지막 문장이다.

박태보의 묘

박태보를 모신 노강서원. 서울 노량진 사육신묘 옆에 있었으나 6·25 때 파괴되고 지금은 아버지 박세당의 고택이 있는 의정부 수락산 자락으로 옮겼다.

이 격발될수록 응대가 화평스러웠고 정신이 의연하며 절의가 있었다.'

노량에서의 죽음과 무릇꽃

목숨만은 살려달라는 영의정 권대운의 상소에 숙종은 박태보에게 진도 유배형을 내렸다. 박태보가 의금부 감옥에서 나오자 경성 사녀士女들이 길을 메우고 떠들면서 말하기를, "충신의 얼굴을 보고 싶다" 하였고, 우는 이까지 있었다.(1689년 4월 26일『숙종실록』) 박태보는 명례방(명동) 집에서 잠시 쉬다 책 몇 권을 꾸려 황혼에 남대문을 나섰다. 길가에 있던 늙은이들이 가마를 자진해서 들었다.

강을 건너 노량에 닿아 그곳에 머물렀으니, 사육신 사당 아래였다. 아버지 박세당이 "어찌하겠느냐. 그저 조용히 죽어 마지막을 빛내라"고 어루만졌다. 태보는 "가르침을 좇겠다"고 답했다. 아버지가 울면서 나가고, 숨이 끊어졌다. 1689년 5월 5일 오전 9시였다.(『연려실기술』 같은 조)

남인은 오직 교리 이후정이 반대 상소를 올렸는데(1689년 4월 26일『숙종실록』) 당黨이 막아서 임금에게 올라가지 못했다.(이건창, 『당의통략』, p242) 그럼에도 남인은 "굳이 따지자면 박태보처럼 죽지 못한 남인도 70여 명"이라며 박태보를 은근히 기렸다.(남하정, 『동소만록』, 원재린 역, 혜안, 2017, p323)

기개 넘치는 젊은 관료의 고문치사사건 전말이다. 통제가 없는 권력이 보여준 조야한 야만성과 권력과 결탁한 자들이 야만 앞에서 보인 비겁함이 만든 잔혹사였다. 경기도 의정부 서계에 위치한 박세당 고택 안 박태보 묘에 가보시라. 분홍빛 무릇꽃 몇 줄기가 그 젊은 의인의 유택 앞에 하늘거린다. 땅의 역사

04 하늘이 백성을 버리면 그 하늘을 갈아치우라

간신이 된 정도전(鄭道傳)과 나주 소재동(消災洞)

건원릉 신도비

경기도 구리에는 조선 왕 아홉 명이 잠들어 있다. 동구릉東九陵이다. 태조 이성계도 여기 묻혀 있다. 건원릉健元陵이라고 한다. 잔디 대신 억새 뗏장을 입혔다. 섬뜩할 정도로 위풍당당하다. 그 아래에 신도비가 있다. 이성계가 죽고 1년 뒤인 1409년 윤4월 13일(태종 9년)에 세웠다.

앞면에는 이성계 일대기가 뒷면에는 함께 조선을 만든 혁명동지, 개국공신들 이름이 적혀 있다. 누가 뭐래도 일등 개국공신은 정도전鄭道傳이다. 혁명조직을 구성하고 민본民本이라는 통치이념과 정부 시스템을 완성한 사람이다. 하여 비석에는 '奉化伯 鄭道傳(봉화백 정도전)'이라 새겨져 있다. '伯(백)'은 고려 시대 작위 등급이고 봉화는 정도전 친가가 있는 땅이다.

앞면을 본다. 이렇게 새겨져 있다. '姦臣 鄭道傳(간신 정도전)'. 비석도 하나요, 사람도 한 사람인데 어찌 이리 평가가 모순적인가. 600년 전으로 가본다.

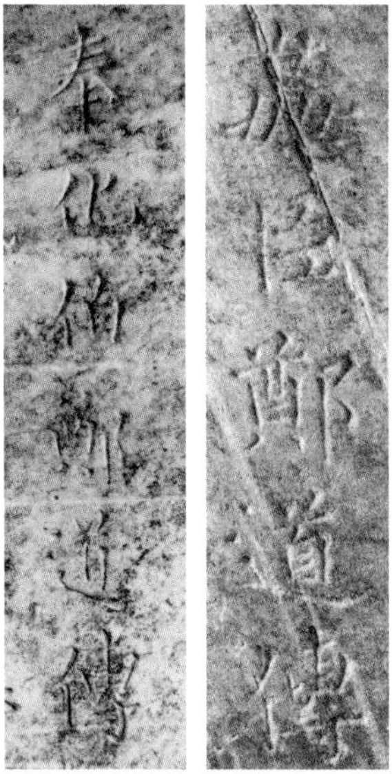

경기도 구리 건원릉 신도비. 뒷면에는 '개국공신 봉화백 정도전'(왼쪽), 앞면에는 '간신 정도전'이라 새겨져 있다.

유배당한 친명파 정도전

때는 고려 말이었다. 대륙의 주인은 원元에서 명明으로 바뀌고 있었다. 정도전은 당시 선진 이념인 성리학을 받아들인 신진사대부였다. 친명파 정도전은 젊었고 야심만만했다. '군졸, 선비, 소민小民까지 송곳 꽂을 땅도 없어 가족이 굶주림과 추위에 떨다 흩어지는(『고려사』, 「식화食貨」, 1388년 7월) 사회를 뒤집으려는 욕망이 가득했다. '취할 것과 버릴 것은 모르는 어둡고 어리석은(昏愚) 백성(하민下民)'을 구원하려는 의지가 충만했다.(정도전, 『삼봉집』 권3, 「상정달가서上鄭達可書(정몽주에게 올리는 글)」)

1374년 9월 21일 밤 개혁 군주 공민왕이 암살됐다. 측근 최만생과 홍윤이 술 취해 자고 있던 왕을 여러 차례 칼로 찔러 죽였다. 피가 병풍에 튈 정도였다.(1374년 9월 21일 『고려사절요』) 친명 외교와 개혁 정책을 실시하던 영민한 왕이었지만, 아내 노국공주가 죽은 뒤에는 술에 찌든 중년사내에 불과했다. 권력은 기존 친원파에게 넘어갔다.

이듬해 친원 정권은 전의부령典儀副令 정도전에게 원나라 사신을 맞으라고 지시했다. 정도전은 "가서 사신들 목을 베겠다"고 항명했다. 서른셋 먹은 정

정도전이 3년 유배 생활을 한 나주 백동마을 소재동

도전은 유배형을 받았다. 유배지는 머나먼 호남 땅 나주였다.

소재동(消災洞) 이야기

'도전道傳이 소재동消災洞 황연黃延의 집에 세 들어 살았다. 나주에 속한 부곡部曲 거평 땅이다. 남쪽은 들판이 평평하고 숲 속에 연기가 나는 초가 10여 채 있으니 회진현會津縣이다. 금강錦江은 나주 동남쪽을 경유해 회진현을 지나 남서쪽 바다로 들어간다. 마을에서 바다까지는 수십 리다. 산 아지랑이와 바닷

전남 나주 회진리 영산강 물안개 위로 아침이 왔다. 유배지인 회진 소재동에서 정도전은 '백성'을 접하며 혁명철학을 체계화했다.

바람 독기가 사람 살에 침입하면 무시로 발병하지만 아침저녁 어둡고 밝을 적에 기상이 천만 가지로 변화하니 역시 구경할만하다.'(정도전, 『삼봉집』 권4, 「소재동기消災洞記」)

소재동 사람들은 순박하고 허영심이 없었고 힘써 농사짓기를 업으로 삼았다. 서안길은 모든 사투리, 속담, 여항閭巷(서민마을) 일들을 기억하지 못하는 것이 없었다. 김성길은 글자도 약간 알았다. 모두 손이 오면 언제나 술을 내어 대접하는데 날이 오랠수록 더욱 공손했다. 두 칸 초가집을 지을 때는 사람들이 도와 며칠이 못 되어 완성되었다. 그러다 문득 그가 깨달았다. 백성들이 '어둡고 어리석지(昏愚·혼우)'가 않은 것이다. 정도전은 '농사꾼 또는 늙은이를 만나 싸리포기를 깔고 앉아서 서로 위로하기를 옛 친구처럼 하였다. 한편으로 부끄럽고 한편으로 감동이 되었다.'(정도전, 『삼봉집』 권4, 「소재동기消災洞記」)

그리고 반성을 한다. 시골 사람(野人·야인) 하나가 이렇게 묻는 것이다. "어느 날 우리 고을 사람이 떠들썩하게 '유자儒者가 왔다, 유자가 왔다' 하기에 보니 선생이었다. 유자가 무엇인가." 그가 답한다. "음양의 변화와 오행의 분포, 초목의 크고 시듦, 귀신의 정情과 유명幽明의 이치까지 통달해 아는 사람이다." 야인이 대답했다. "자신이 어질다 자처하고 남을 대하면 남이 허여하지 않고, 자신이 지혜롭다 자처하면 남이 도와주지 않는다. 위태하구나." 야인은 소매를 뿌리치고 가버렸다.'(정도전, 『삼봉집』 권4, 「금남야인錦南野人」) 백성은 밝고 지혜로웠다. 정도전은 백성을 위한 새 세상을 꾸미게 되었다.

불온서적 『맹자』를 선물 받다

1372년 명 태조 주원장은 『맹자』를 읽다가 고함을 질렀다. "이 늙은이가 지금 살아 있다면 멀쩡할 것 같은가?"(전조망全祖望, 『길기정집鮚埼亭集』) 아예 맹자를 문묘에서 빼버리려 하기도 했던 주원장은 결국 85개 장을 삭제해 『맹자절문孟子節文』을 만들어 과거시험 교재로 배포했다.(『명사明史』 권139, 「전당전錢唐傳」)

이유가 있다. 『맹자孟子』는 송대에 '사서四書'에 마지막으로 포함된 불온서적이다. 맹자는 왕들 앞에서 이런 말을 거리낌 없이 내뱉었다. '폭군을 죽이는 일은 '시해弑害'가 아니라 '사내놈 하나를 죽이는 것(誅一夫·주일부)'이다.(맹자, 『양혜왕』 下) '백성이 귀하고 사직은 그다음이며 군주는 가볍다(民為貴 社稷次之 君為輕·민위귀 사직차지 군위경).'(맹자, 『진심盡心』 下) '백성을 얻으면 천자가 되고, 천자를 얻으면 제후가 되니, 제후가 사직을 위급하게 하면 제후를 바꾼다.' 그리고 '제물을 바쳐 제사를 지내도 가뭄과 물난리가 터지면 하늘을 바꾼다(變置社稷·변치사직).' 하늘을 바꾼다! 혁명을 조장하는 맹자를 주원장은 당연히 증오했다.

1363년 12월 정도전이 모친상을 당했다. 시묘살이 3년 동안 학문 선배 정몽주가 바로 그 『맹자』 한 질을 보내주었다. 정도전은 매일 '한 장 혹은 반 장씩' 읽더니 깊은 경지에 이르렀다(時鄭圃隱送孟子一部 公日究一紙或半紙 甚精熟).(정도전, 『삼봉집』 부록, 「사실事實」) 하루에 반 페이지도 진도가 나가지 않는 혁명서 탐독과 사색, 그리고 백성과 살을 맞대고 산 경험은 그를 혁명가로 바꿔놓았다.

정도전, 조선을 설계하다

1384년 정도전은 함경도에서 지휘관으로 근무하던 이성계를 찾아갔다.

군령이 제대로 선 그 군사를 보고 "무슨 일인들 못 하겠는가!"라며 시 한 수를 읊었다. '아득한 세월에 한 그루 소나무 / 푸른 산 몇 만 겹 속에 자랐구나' (1398년 8월 26일 『태조실록』, 「함영 소나무를 짓다題咸營松樹'」) 이성계의 호가 송헌松軒이었다. 두 사람은 혁명 동지가 되었고, 이윽고 8년 뒤 부패한 고려 정권을 타도했다. 정도전은 일등개국공신으로 서훈됐다.

정도전은 『조선경국전』을 집필했다. 조선의 통치시스템과 철학이 다 들어 있다. 민본民本이다. '임금은 높다면 높고 귀하다면 귀하다. 그러나 만민은 지극히 많다. 그들의 마음을 얻지 못하면, 아마 크게 염려할 일이 생기게 되리라.'(정도전, 『삼봉집』, 「조선경국전」, '보위를 바르게 하다')

그리고 부패 원인 제거 작업에 들어갔다. 첫 번째가 사병私兵 혁파였다. 고려 말 권문 귀족들의 기초가 된 군사력을 회수하는 작업이었다. 그런데 이에 결사반대한 세력이 이성계의 아들이자 개국공신 이방원이었다. 태조 이성계는 혁명동지인 아들 방원을 내치고 둘째 부인의 어린 아들을 세자로 삼기까지 했다. 이방원은 군사력도 잃고 권력과도 멀어졌다. 날개 잘린 그 이방원이 군사력과 무력을 회수하기 위해 벌인 군사행동이 바로 '1차 왕자의 난'이다.

간신 정도전 죽다

1398년 8월 26일 저녁, 경복궁 서쪽 이방원 집에서 아내 민씨가 비축해둔 무기로 무장한 보병 9명과 기병 10명이 송현동으로 출발했다. 심복 이숙번李叔蕃의 철기鐵騎부대가 이미 무기고를 점령하고 광화문에서 남산까지 대로를 가득 메우고 있었다.(성현, 『용재총화慵齋叢話』) 이경二更(오후 9시~11시) 무렵 이방원 군은 송현동에 있는 남은의 첩 집을 포위했다. 정도전은 등불을 밝히며 남은과 대화 중이었다. 정도전은 급습한 이방원 병사를 피해 옆집으로 도망갔다가 체포됐다. 실록에 따르면 그는 "살려주소서(活之·활지)"라고 애원했고, 이방원은 "어떻게 악한 짓이 이 지경까지 이르렀느냐"며 참수를 명했다.(1398년 8월 26일『태조실록』) 이방원은 "정도전이 어린 서자庶子를 세자로 세우려고 하여 나의 형제들을 제거하고자 하므로 내가 선수를 쳤다"고 했다. 비굴한 그 최후가『삼봉집』에는 이렇게 묘사돼 있다. 마지막 순간 그가 썼다는 시詩,「자조自嘲」다.

책 속 성현 저버리지 않았노라
삼십 년 이래에 근고를 다한 업이
송정에서 한 번 취해 허사가 되다니
不負聖賢黃卷中·부부성현황권중
三十年來勤苦業·삼십년래근고업
松亭一醉竟成空·송정일취경성공

어느 정도전이 진짜 정도전인지는 아무도 모른다.

***

그가 죽고 467년이 지난 1865년 9월 10일, 대왕대비가 경복궁 중건을 기념해 정도전을 사면했다. '정도전이 전각 이름을 정하고 송축한 글을 생각해보니 격세지감을 느끼지 않을 수 없다.'(1865년 9월 10일『고종실록』) 인간 정도전이 명예를 회복한 것은 아니었다. 오로지 경복궁 내각 건물 작명가로서 명예를 회복했을 뿐, 그는 여전히 간신이었다. 건원릉 신도비 앞뒷면에 그가 간신과 공신으로 동시에 기록돼 있는 이유다.

05 위세를 업고 악독한 짓을 했으므로 도끼로 처형하였다

반정공신 김자점의 기똥찬 처세술

창의문(자하문) 문루에 걸린 반정공신 명단. 1등부터 3등까지 공신 47명 이름이 새겨져 있다. 반정 120주년인 1743년 영조가 명해 새겼다. 1등공신 김자점의 이름은 보이지 않는다.

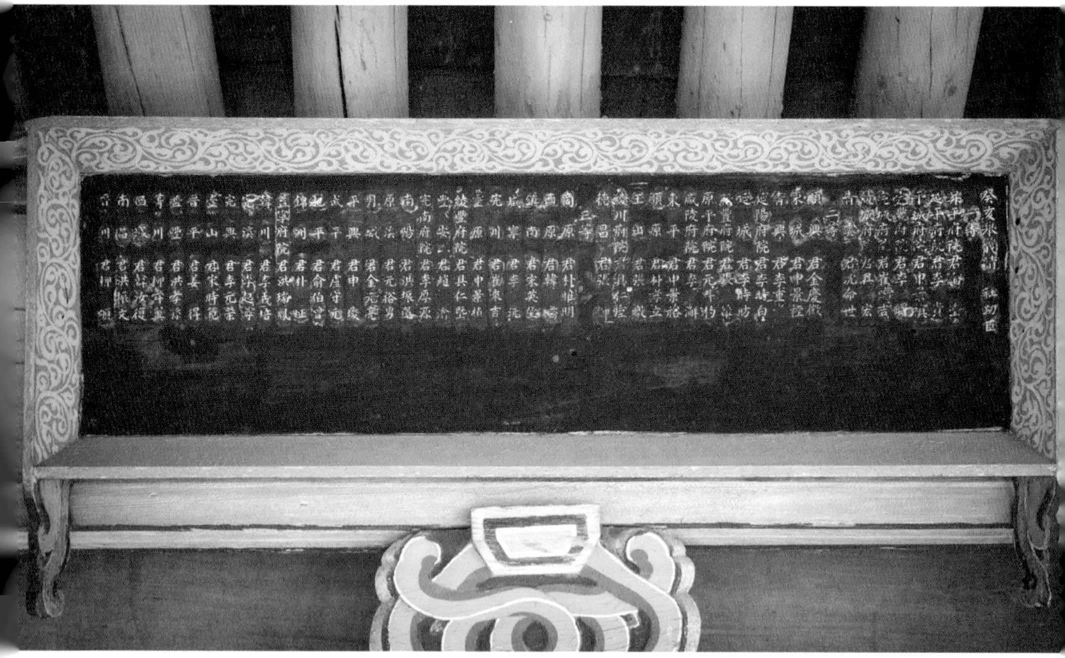

서울 종로구에 있는 자하문은 창의문이라고도 한다. 창의문 문루에는 계해거의癸亥擧義 정사공신靖社功臣이라는 제목으로 공신 47명의 명단이 붙어 있다. 1623년 광해군을 쫓아낸 인조반정 공신들 명단이다. '썩은 세상 뒤집고 정의를 세우겠다'고 나선 자들이다. 원래는 53명인데 6명은 이런저런 이유로 이름이 사라지고 없다. 6명의 이름은 김자점, 심기원, 이홍립, 이괄, 김경징과 심기성이다. 왜 사라졌나? 알아본다. 특히 김자점, 일개 유생에서 영의정까지 올랐다가 도끼로 목과 허리가 토막이 나 죽은 사내의 이야기.

영조의 기우제와 창의문

서기 1743년 음력 5월 7일 가뭄이 한창인 그 여름날 영조가 창의문 문루에 올랐다. 인근 평창에 있는 북교단北郊壇 기우제를 마치고 돌아오는 길이었다. 마침 광해군을 내쫓고 능양군 이종이 왕위를 차지한 인조반정 120주년이 되는 해이기도 했다. 영조는 반정 공신 이름을 현판으로 걸라고 명한 뒤 소현세자 묘에 참배를 지시하고 궁궐로 돌아갔다. 창덕궁 돈화문을 들어가 인정문이 보일 무렵 억수같이 비가 내렸다.(1743년 5월 7일『영조실록』)

공작정치가 김자점, 일등공신이 되다

창의문은 1623년 3월 13일 새벽 능양군이 義(의) 자를 등에 붙인 반정 군사들을 지휘해 창덕궁으로 쳐들어가며 지나간 문이다. 이보다 3년 전 이들이 광해군 폐위 계획을 세운 곳은 창의문 바깥에 있는 세검정 계곡이었다. 김류, 이귀, 심기원, 신경진, 최명길, 구굉 등 전직 관리와 유생 김자점, 심명세가 그들이다.(『계해정사록』)

『조선고적도보』에 실린 자하문

그런데 1622년 이 모의가 들통났다. 광해군이 후원에서 애지중지하던 김상궁과 잔치를 벌이고 있을 때 첫 보고가 올라왔다. 그러자 김상궁이 놀란 광해군 손을 잡고 이리 말하는 것이다. "가소롭나이다. 김생원이 어찌 이러한 뜻이 있겠습니까. 충성스럽고 한미한 선비일 뿐."(『연려실기술』 권23, 「인조조고사본말」, '계해정사') 이후 여러 차례 보고가 올라갔지만 광해군은 이들을 파직했을 뿐 역모죄로 처벌하지 않았다. 뒤에는 김자점이 있었다. 김자점은 김상궁을 뇌물로 매수해놓은 터였다.(1623년 3월 13일 『인조실록』) 상궁들은 김자점을 '성지成之'라고 부르며 허물없이 대했다. 성지는 친한 사람들끼리 부르는 자字다. 무산될 뻔한 쿠데타를 사전 공작工作을 통해 성공시킨 공로로 김자점은 일등공신으로 책록됐다. 별 벼슬 없던 유생儒生, 인생 반전의 시작이었다.

서울 종로구 신영동에 있는 세검정은 인조반정 주동자들이 "검을 씻으며 정의를 세운다(洗劍立義·세검입의)"며 반정을 결의했다는 곳이다.

조선 말 도화원 화가 유숙(劉淑, 1827~1873)이 그린 '세검정'. 인왕산 골짜기 개울가 한가운데에 정자가 서 있다. 세찬 물소리 덕에 도청당할 염려 없이 모의를 꾸미기 딱 좋다.

병자호란과 도원수 김자점

1627년 정묘호란이 터졌다. 김자점은 인조를 경호해 강화도로 도주했다. 그때 제대로 눈도장을 찍었다. 김자점은 순검사 및 임진수어사에 임명됐다. 3년 뒤 한성부 판윤을 거쳐 1633년 조선군 도원수에 임명됐다. 총사령관이다.

1636년 병자호란이 터졌다. 도원수 김자점은 "겨울에는 침략이 없다"고 호언장담하다가 국경을 방치해버렸다. 봉화烽火 또한 한양까지 들어가지 못하

게 하는가 하면, 침략 임박을 보고하는 부하를 '군기 문란'이라며 처형하려 했다. 그가 지휘해 휘하 병력이 궤멸한 황해도 토산전투는 '좋은 장수가 없어서 패한' 대표적인 전투였다.(『효종실록』 부록 「효종대왕행장」)

결국 초기 대응 실패로 조선이 청에 굴복하게 만든 장본인이 김자점이었다. 그를 처형하라는 대신들 요구가 빗발쳤다. 인조는 꿈쩍하지 않았다.(1636년 12월 15일 『인조실록』) 오히려 김자점은 전쟁 후 유배형을 받았다가 왕명으로 고향으로 돌아갔다.

1640년 1월 27일 인조는 그를 강화유수에 임명했다. 한 달 뒤 인조는 김자점과 또 다른 공신 심기원을 호위대장으로 임명하고 옛 병졸들을 돌려줬다.(1640년 2월 2일『인조실록』) 오랑캐에게 고개 숙였다고 무시당한 왕에게 필요한 사람은 김자점 같은 인물이었다.

라이벌 심기원 역모와 김자점

화려하게 재기하고 보니, 옆에 라이벌 심기원이 있지 않은가. 복귀 후 4년이 지난 1644년 그 라이벌 심기원이 회은군 이덕인을 앞세워 반정을 기도하다가 발각됐다. 소현세자 부부가 강빈 부친상을 치르러 일시 귀국 후 돌아간 무렵이었다.

조사 결과 이들은 인조는 상왕上王으로 내쫓고, 소현세자가 불안하니 회은군을 왕으로 추대할 계획을 세웠다는 것이다. 억울하다는 심기원과 그 무리들은 모진 고문을 받았다. 모두가 죄를 자백했다. 인조는 사약을 내리는 걸로 마무리하려 했지만 모두가 처형을 원했다. 심기원은 처형됐다.(1644년 3월 21일『인조실록』)

그때 좌의정 김자점이 처형 담당관을 따로 불러 말했다. "먼저 팔과 다리를 벤 뒤에 나중에 머리를 베라." 같은 반정공신 이시백이 다른 이에게 말했다. "어찌 저런 자가 제 명대로 살겠는가."(『연려실기술』 권27,「심기원의 옥사」) 인조는 그에게 낙흥부원군 군호를 내렸다.

2년 뒤 청나라에 구금 중이던 임경업이 공모 혐의로 압송됐다. 임경업은 "내가 명나라로 망명한 사실을 김자점에게 알리라고 했다"고 자백했다. 임경업은 그날 고문으로 죽었다.(1646년 6월 17일 『인조실록』) 『연려실기술』은 '김자점이 사사로운 감정으로 죽였다'고 기록했다.(『연려실기술』 권27, 「심기원의 옥사」) 이듬해 김자점의 손자 김세룡과 인조 후궁 조씨의 딸 효명옹주가 혼인했다. 옹주와 부마는 옷과 기물이 극히 풍족하고 사치스러웠다.(1647년 8월 16일 『인조실록』) 정적을 제거한 김자점이 이제 왕과 사돈이 되었다. 인조의 혀는 김자점의 혀였다.

소현세자의 죽음과 봉림대군

1645년 2월 심양에서 귀국한 소현세자가 두 달 만에 죽었다. 그리고 인조는 서둘러 둘째 아들 봉림대군을 세자로 선정했다. 원손(세자의 아들) 대신 차남을 세자로 봉하겠다는 인조의 결정에 모두가 반대했다. 오직 김자점은 그 모든 반대를 무릅쓰고 인조의 결정을 "종사를 위해 내놓으신 깊고 원대한 계획"이라고 찬양했다. 봉림대군을 세자로 결정하겠다고 인조가 결론을 내렸다. 그러자 김자점이 "곧바로 왕명을 받들겠다"고 아뢰었다. 오히려 인조가 당황해서 "천천히 해도 늦지 않다"고 말릴 정도였다. 사관은 그 광경을 이렇게 묘사했다. '임금 뜻을 미리 알아 비위를 맞추는 경우는 소인일 뿐이니, 낱낱이 기록해둔다.'(1645년 윤6월 2일 『인조실록』)

강빈 옥사와 김자점

또 이듬해 강빈 역모 사건이 터졌다. 질투심과 권력 찬탈의 공포심에서 인조는 후계자로 앉힌 차남을 보호하려 했다. 그 보호책 가운데 가장 강경한 방안이 소현세자 관련 인물 제거였다. 가장 큰 관련자는 며느리 강빈이었고, 제거 작업에 가장 강력한 장치는 역모逆謀였다. 강빈이 인조를 저주하고 죽이려 했다는 증거는 어디에도 없었다. 하지만 인조는 후환을 없애기 위해 강빈 사사賜死를 작심했다.(강빈 이야기는 이 책 뒤에 또 나온다.)

1646년 2월 7일 인조는 김자점을 내의원 도제조에 임명했다. 실록에 따르면 '김자점은 대신들이 강빈 사사를 반대하는 보고서를 올릴 때마다 병을 핑계로 불참했다. 그러자 인조는 김자점이 자기 주장을 내세우지 않고 자기가 부리기가 쉽다는 사실을 알고는 끌어다 쓴 것이다.'(1646년 2월 7일 『인조실록』)

최측근으로 임명된 그날, 김자점이 인조 면전에서 이렇게 말했다. "대개 부모에게 불순한 자에 대해서는 선대에도 이미 벌을 시행한 일이 있나이다. 사람들이 소현세자 잘못한 점을 많이 말하는데, 이는 다 강씨 짓입니다. 신하들이 어찌 이 사람을 위해서 비호할 수가 있겠습니까." 그리고 한 마디 덧붙였다. "근래에 사대부들이 세상에 명예를 구하고자 하니 이런 일이 벌어지나이다." 회의 끝에 김자점이 또 말했다. "다른 대신들은 괘념치 마소서." 강빈의 죽음은 그렇게 결정됐고 김자점은 영의정에 올랐다. 벼슬 없는 유생으로 반정에 참가한 지 22년 만이었다.

도끼에 잘려 죽다

3년 뒤 인조가 죽었다. 그때까지 부귀영화란 부귀영화는 다 누리던 김자점에게 재앙이 닥쳤다. 효종이 즉위하고 한 달 뒤 김자점을 탄핵하는 상소가 줄을 이었다. 사헌부에서는 공과 사를 구분하지 않은 김자점을 탄핵했다. 사간원은 사헌부와 함께 그의 사치와 불의, 교만과 방자를 성토했다.(1649년 6월 22일 등 『효종실록』) 그러자 김자점은 역관 이형장을 통해 청나라에 '조선이 명나라 연호를 쓰고 있다'고 고자질했다. 청나라 압력을 통해 권력 회복을 노린 것이다.

이듬해 3월 김자점은 광양으로 유배됐다. 순식간에 김자점은 허물어졌다. 그리고 1651년 마침내 아들 김식을 포함한 역모가 적발됐다. 정적들이 벌인 공작이었는지도 모른다. 김자점은 끝까지 결백을 주장했으나, 고문은 그의 입을 열어버리고야 말았다.

1651년 12월 17일 효종이 인정문 앞에서 김자점을 친국했다. 김자점이 고문을 견디지 못하고 죄를 자백했다. 그 자리에서 김자점은 처형됐다. 사흘 뒤 효종이 잡범 사면령을 발표하고 백성에게 이렇게 일렀다. "(김자점은) 권세를 등에 업고 악행을 저질렀고, 안팎을 연결해 간계를 길렀다. 죄는 머리털을 뽑아 헤아려도 속죄하기 어렵다. 하여 죽어 마땅한 자들을 모조리 가마솥에 넣고 도끼로 자르는 극형에 처했다(妖腰亂領 咸就斧鑕之膏·요요란령 함취부질지고)."(1651년 12월 20일 『효종실록』)

김자점처럼 "머리를 맨 끝에 자르라"는 사람은 없었을 터이니, 진짜 가마솥에 끓이고 도끼를 휘두르지는 않았을 것이다. 기똥찬 처세술의 종착지였다. 땅의 역사

06 세금 징수보다 백성의 삶이 먼저올시다

전설이 된 행정가 이서구(李書九)의 잊힌 삶

강원도 춘천 초입 남면 박암리 산속에 무덤이 하나 있다. 앞에 커다란 비석이 서 있는데, 생전에 무덤 주인이 이리 말했다고 한다. "비석을 만들었다가 세상이 편안해지면 세우라." 무덤 주인의 이름은 이서구李書九(1754~1825)이고, 비석의 글은 벗 남공철이 썼다. 과연 그가 죽고 4년 뒤 당쟁이 일어 일생의 벗 남공철마저 당이 달랐던 죽은 벗을 거칠게 비난하였다. 놀란 후손들은 유언을 어기고 세웠던 비석을 서둘러 묻어버렸다.

그가 죽고 150년이 지난 1975년 박광칠이라는 마을 사람이 쇠꼬챙이로 땅을 찔러 무덤 앞 5m 땅에서 비석을 찾아냈다.(신종원, 「이원과 그 자 이서구 묘비」, 『강원사학』 1권, 강원사학회, 1985) 근 150년 만에 직립한 비석 머리에는 이렇게 새겨져 있다. '有明朝鮮右議政惕齋李公墓碑銘(유명조선 우의정 천재 이공 묘비명).' 전설로 가득한 삶을 산 행정가, 척재 이서구 이야기다.

강원도 춘천에 있는 이서구 무덤. 왼쪽에 보이는 비석은 생전에 "좋은 세상 올 때까지 땅에 묻어놓으라"고 했다는 비석이다.

노론 출신 북학파 이서구

실학 북학파의 아버지 연암 박지원에 따르면 이서구는 심령心靈이 일찍 트이고 혜식慧識이 구슬과 같았다.(박지원, 『연암집』 권7 별집, 「종북소선」) 이서구는 이덕무, 유득공, 박제가와 함께 박지원으로부터 가르침을 받았다. 네 사람이 세상을 보는 눈은 현실적이었고, 글들은 출중했다. 정조 눈에 들어 규장각에서도 함께 공부를 했다. 이들 네 사람을 '한학 사가漢學四家'라 부른다.

이 가운데 세 사람은 '비루한' 서얼들이었다. 이서구는 14대 국왕 선조의 아들 인흥군의 후손이었다. 어엿한 노론 가문 출신이었다. 벗들이 규장각에서 책에 파묻힌 사이, 이서구는 승승장구하며 벼슬길을 걸었다. 홍문관 교리와

이서구(1754~1825)

한성부 판윤을 거쳐 수시로 지방의 관찰사로 나갔다. 그런데 그가 거쳐 간 곳마다 기이한 일이 벌어졌다. 백성의 뇌리에 박혀 있는 이서구는 관료가 아니라 이인異人이었다. 예컨대 다음과 같은 이야기들.

이서구가 열어본다

1820년 전라 관찰사로 나갔을 때였다. 관찰사 이서구는 고창 선운사 도솔암 마애불에 세상을 바꿀 비결祕訣이 들어 있다고 들었다. 있긴 있는데, 여는 사람은 벼락을 맞는다고 했다.

늙었으되 호기심 많은 이 관찰사는 즉시 전주를 떠나 선운사로 갔다. 백 척 절벽에 부처님이 그려져 있고, 배꼽에 복장 흔적이 보였다. 사다리에 줄을 타고 올라가 복장을 열었더니 과연 그 속에 책 한 권이 얌전하게 누워 있지 않은가. 부들부들 떨리는 손으로 겉장을 열었더니 첫 문장이 이렇게 적혀 있었다.

'全羅監司李書九開坼(전라감사이서구개탁: 이서구가 열어본다)'. 그 순간 마른하늘에서 벼락이 떨어지고, 식겁한 이서구는 줄행랑을 놓았다.

세월이 흘러 1894년 동학 접주 손화중이 이끄는 농민 무리가 도솔암에 몰려들었다. 세상을 바꿀 비결이니 응당 우리 손에 넣어야 한다고 했고, 벼락살을 이서구가 맞았으니 겁낼 것 없다고 했다. 그리하여 어찌하여 복장을 열어 비결을 꺼내갔다는 이야기.(이상 오지영, 『동학사』, 1973) 혹은 텅 비어 있었다거나 기껏 꺼냈더니 정약용이 쓴 『목민심서』였다는 이야기. 그런데 끝이 아니었다.

이서구가 평안 관찰사 시절에 들렀던 한 절에서 주지가 이서구에게 자물쇠 구멍만 뚫린 궤짝 하나를 내놓았다. 속에는 종이가 가득 들어 있었고 "100년

전북 정읍 군자정에 모여 있는 각종 공덕비들. 많은 비석들이 깨져 있다.

뒤 이를 열 자가 있을 것"이라는 말도 유전해 있었다. 그런데 이서구가 주머니에서 열쇠를 꺼내 돌리니 바로 뚜껑이 열리는 게 아닌가. 이서구가 속에 있던 종이를 가져다가 보고는 웃으며 말했다. "이게 여기에 있었구나."(이유원, 『임하필기』 권27, 「춘명일사」) '이것'이 무엇이었는지는 지금도 이서구만 알고 있다.

앉으면 죽산 일어서면 백산

전북 부안에 들른 관찰사가 백산白山을 보고 '저 산이 뭔 산이냐'라고 물으니 하인이 '백산白山이올소이다'라 답했다. '허허, 앉으면 죽산竹山이고 서면 백산이로다.' 또 세월이 흘러 그 백산에서 동학 농민군이 죽창을 깎아 훈련을 하는데, 앉으면 죽창만 올라서니 죽산이고 서면 흰옷만 보이니 백산이었다.

농민군은 노론 출신 관료에 의지해 개벽 전설을 사실로 믿으려 했고, 그 신통한 관료가 예언한 바대로 개벽을 준비한다고 믿은 것이다.(남재철, 「이서구

설화의 역사적 배경」, 『고전문학연구』 25, 한국고전문학회, 2004)

백성 스스로도 너무 비현실적인지, 이서구가 예지력을 소유하게 된 내력까지 전설로 남아 있다. 전설에 따르면, 이서구가 완주 위봉사에 들렀다. 주지가 접대할 고기가 없으니까 마당에서 뱀 한 마리를 잡아 대가리랑 꼬리를 떼고 대접했다. 맛있게 먹은 관찰사가 "대가리를 내라"고 하자 주지는 흑칠백장이라는 독사라고 이실직고했다. 숨겨둔 대가리와 꼬리를 마저 먹은 이서구는 순식간에 신통력을 가지게 되었다는 것이다.('한국구비문학대계')

'아들이면 죽여라'

관찰사 이서구가 점을 보니 나주 이방의 집에 역적이 태어날 팔자였다. 하인에게 시키기를, 태어난 아이가 남자면 죽이고 여자면 내버려두라고 했다. 하인이 여자아이라 두고 왔다고 하니 이서구가 이리 답했다. '아이가 장차 커서 국권을 뒤흔들겠구나.' 아이는 과연 천하절색으로 자라나 기생질을 하다가 나주 목사 김좌근의 첩이 되었다. 김좌근이 영의정으로 세도를 휘두를 때 이 여자가 조정을 뒤흔들다가 쫓겨났다. 이 여자가 나합이다.('한국구비문학대계') 그러니까, 무법천지 세도정치를 일개 관찰사인 이서구가 예언했다는 전설이다. 나주 관아에는 영의정 김좌근 공덕비와 동학군을 평정한 금성토평비가 나란히 서 있다.

전설은 관료가 만들지 않고 백성이 만든다. 마애불 복장 유물도, 요녀妖女 나합도 이서구가 남긴 기록에는 보이지 않는다. 정조 사후에 모순이 증폭돼 가는 조선 왕국 백성들이, 그 모순을 예언한 예지자요, 해결해줄 구원자로 관찰사 이서구를 택한 것이다. 도대체 일개 관찰사에 불과한 그에게 민초들은 왜 이런 초능력을 부여한 것일까.

나라 꼬라지와 행정가 이서구

탕평책과 문치文治로 나라는 화려하게 포장되고 있었다. 그런데 백성은 신음했다. 가난으로 신음했다. 가난은 학정과 수탈에서 나왔다. 1787년 경상우도로 암행을 다녀온 어사 이서구가 이렇게 보고했다. '환곡은 생판으로 빼앗는 것과 같아서 환곡이 없다면 참으로 낙토樂土가 될 것이라는 말이 있을 정도다. 참 불쌍하다.' 그래서 환곡을 바치고 나면 백성은 자루를 거꾸로 털어 끼니를 충당하고, 세금은 지방관 개인 돈주머니로 들어가고 있더라는 것이다.(1787년 5월 4일『정조실록』) 이서구는 환곡과 군정, 노비에 얽힌 문제를 조목조목 보고하고 바로잡을 방도를 내놓았다.

그런데 폭정은 갈수록 악화됐다. 55년 뒤인 헌종 8년 전라우도 암행어사

조귀하에 의해 전 전주 판관부터 군산 첨사까지 백성을 괴롭힌 전라우도 지방관 26명이 떼로 적발됐을 정도였다. 그 험악하고 가난한 시대에 이서구는 부임하는 곳마다 행정의 기준을 백성으로 삼았다. 암행어사 때 경상도에서 목격했던 모든 모순을 현장에서 해결하려 한 것이다.

1793년 첫 번째 전라 관찰사 시절, 세금을 거두는 대신 창고를 풀어서 백성을 구휼했다. 정조는 '기필코 (백성을) 소생시키라'고 그에게 힘을 주었다. (1793년 8월 16일『정조실록』)

1820년 두 번째 전라 관찰사로 부임했을 때 최우선 임무는 '양전量田'이었다. 토지를 다시 측량해 세금을 산정하라는 것이다. 하지만 이서구는 이렇게 보고했다. '양전은 백성 구휼을 위함이지 나라를 부유하게 하는 것이 아니다. 빈궁한 백성이 아직 소생되지 않았는데 세금을 다시 매길 수 없다.'(1820년 8월 2일『순조실록』) 증세를 요구하는 안동 김씨의 세도정치에 이서구는 반기를 들고, 백성 편에 선 것이다. 이서구의 건의는 통과됐다.

전라도, 경상도, 평안도 곳곳에서 보인 행적은 대개 이러했다. 순조가 이서구를 우의정으로 발령내자 "이제 국가가 의지할 곳이 있어 백성들은 반드시 소생함을 얻을 수 있을 것이다"고 했고, 이서구가 우의정을 끝내 거부하자 탄식하지 않음이 없었다.(남공철, '이서구 묘비명') 정약용은 '평안 관찰사 시절 선정으로 지금도 평양 주민들이 그 은혜를 잊지 않는다'고 기록했다.(정약용,『목민심서』권3,「애민6조」)

이게 일개 관찰사가 전설로 전승되고 있는 근본적인 연유다. 사후에도 당쟁에 휘말려 그 이름은 잊혔다. 안동 김씨 세력은 사후에도 그에게 시비를 걸어 삭탈관직을 요구했다. 순조와 아들 효명세자는 그때마다 허락하지 않았다. 민간의 기억 속에서 그는 단순한 관료가 아닌 구원자로 영생하는 중이다. 요체는 말이 아닌 실천實踐이었다.

***

전북 정읍에는 피향정이라는 정자가 있다. 이곳에는 흩어져 있던 각종 선정비들이 모여 있다. 앞에서 볼 때 오른쪽에서 두 번째는 위풍당당한 관찰사 이서구의 선정비다. 왼쪽 끝은 현감 조규순의 선정비다. 1893년 조규순 선정비를 세운 사람은 아들인 당시 고부군수 조병갑이다. 이 비석을 세우며 거둔 세금과 만석보 물세에 분노한 백성이 죽창을 든 사건이 동학농민혁명이다. 비슷한 시대, 비슷한 공간에서 참으로 다르게 행정을 한 두 사람의 흔적이 함께 햇살을 받고 있다. 땅의 역사

전북 정읍 피향정에는 흩어져 있던 고위 관료 선정비가 모여 있다. 전라 관찰사 이서구의 영세불망비(맨 오른쪽)도 보인다.

정읍 피향정에 있는 '현감 조규순 영세불망비'. 동학혁명을 촉발시킨 비석. 반대편에는 전설 속에서 동학혁명을 예언한 관찰사 이서구의 영세불망비가 서 있다.

07 왜 말로만 백성을 구제한다고 떠드는가

구체적이고 실효적인 정책가 토정 이지함

'나라가 나라가 아닌 나라'

1569년 홍문관 부교리 율곡 이이가 당시 국왕 선조에게 보고서를 올렸다. '나라가 마치 오래 손보지 않은 1만 칸 큰 집처럼 옆으로 기울고 위로 빗물이 새고 대들보와 서까래는 좀이 먹고 썩어서 구차하게 아침저녁을 넘기고 있는 것 같다.'(이이, 「옥당진시폐소」, 1569)

9년 뒤 대사간에 임명된 이이가 사표를 던지며 또 상소를 했다. '나라 형세가 위태로워졌음을 전하가 스스로 아는 바이다.'(1578년 5월 1일 『선조수정실록』) 나라가 엉망진창이니 정신 똑바로 차리고 국정을 추스르라는 이야기였다.

또 4년 뒤 이이가 작심하고 또 상소를 올렸다. '200년 동안 저축해 온 나라가 지금 2년 먹을 양식도 없다. 나라가 나라가 아니다(國非其國·국비기국).'(이이, 「진시폐소」, 1582) 이듬해 병조판서 이이가 또 상소를 올렸다. '지금 나라는 1년도 지탱하지 못한다(今之國儲 不支一年·금지국저 부지일년).'(1583년 2월 15일 『선조실록』)

10년 넘도록 나라 살림을 회생할 조치를 취하지 않아 결국 '2년치'였던 국가 재산이 1년 만에 '1년치'로 줄었다는 말이니, 도대체 나라 경영을 이따위로 하는 정부와 지도자와 고위 관료들이 어디 있다는 말인가. 가뭄 대책은 기우제요, 역병 대책은 시신 수습이 기본 정책이던 그들이었다. 그 무렵 한 지방 군수는 붓과 잡설을 버리고 발로 뛰어 비상사태에 대처했다. 토정土亭 이지함李之菡이다. 구체적이고 실효적인 방법으로 백성을 구한, 하지만 오래도록 세상을 등졌다가 허망하게 죽은 한 공무원 이야기.

영웅의 시대와 토정 이지함

서경덕, 이순신, 이황, 이이, 정여립, 조식, 정인홍, 류성룡, 이항복 기타 등등 16세기는 영웅의 시대였다. 다시 말해서, '난세亂世'였다. 소시민으로 행복하게 살 수 있었던 사람들을 끌어내 앞장서게 만든 시대였다.

건국 후 150년 세월이 흘렀다. 조선 통치 시스템은 안정기에 접어들었다. 그 안정기에 율곡이 거듭 올렸던 상소 시리즈는 의미심장하다. 나라를 지탱할 국부國富 창출에 실패했다는 뜻이다.

생산직인 공工과 유통업자인 상商은 성리학적 신분질서 최하위로 천대받았다. 양반이 안정적으로 책을 읽을 수 있는 기반은 농업이었다. 농업 진흥을 위해 세종은 일본으로부터 논에 물을 대는 기계 수차水車를 도입했다. 4년 만에 기계 수차는 "대개 사람들이 새로운 것을 싫어하는(大抵人情 憚於新作·대저인정 탄어신작)" 탓에 폐기됐다.(1433년 4월 8일 『세종실록』) 그래서 농업 또한 가뭄이나 홍수가 닥치면 맥을 추지 못했다. 조선은 딱 먹고 살 수 있는 정도만 생산하고 나머지는 천시하거나 금지했다. 이게 홍문관 재직 시절부터 이이가 줄기차게 상소를 올리게 된 원인이다. 그 시대에 토정 이지함이 살았다.

『토정비결』의 저자로 더 알려져 있지만, 이지함은 서경덕, 조식, 이이와 교류하던 선비요 학자였다. 붓만 놀리는 선비가 아니었다. 상것들이나 할 일을 그는 자기 손으로 했다. 부모의 무덤이 침수될 우려가 있자 이지함은 직접 소금과 생선을 팔아 제방을 쌓았다.(이지함,『토정선생 유사』,「토정유고」) 성리학을 공부하라고 권하는 율곡 이이에게 이지함은 이리 답했다. "나는 욕심이 많아 성리학을 못한다."(이이,『석담일기石潭日記』下, 1578) 탁상공론만 하기에는 세상에 할 일이 널려 있다는 뜻이다.

'은을 캐서 백성 구제 비용' 주장

산천을 떠돌던 1573년, 나이 쉰일곱에 이지함은 처음으로 관직에 임용됐다. 포천 현감이다. 그때 현장 시찰에 나선 이지함에게 사십대 여자가 말했다. "젖이 나오지 않아 못 먹이던 세 살짜리가 죽었다. 항아리 밑을 쓸어 싸라기 몇 톨을 씹어 급히 입에 넣으니 숨이 다시 통했다. 허나 며칠이나 버틸지."(이지함,『토정유고』,「이포천시상소莅抱川時上疏」) 남편도 굶어 죽고 아이 죽음을 기다리던 여자를 만난 것이다. 참으로 난세였다.

그때 이지함이 선조에게 상소를 한다. '국고는 바다에 미치지 못하고, 여러 고을 쓸 돈은 밑 빠진 잔보다 많다(國家之儲不及滄海 列邑之費多於漏巵·국가지저 불급창해 열읍지비 다어루치). 산에 묻힌 은을 왜 채취를 금하는 것이며 무궁한 물고기도 무엇이 아까워 잡지 못하게 하며, 무궁무진한 소금도 무엇이 아까워 못 굽게 하는가. 농사가 근본이고 소금 굽는 일이 끝이지만 끝으로 근본을 도와야 궁핍하지 않은 것이다. 생명을 구제하려면 다 풀어라.'(이지함, 「이포천시상소」)

규제 개혁을 요구하는 지방 현감의 상소는 거부됐다. 이지함은 '본래 오래 있을 생각이 없었기에 곧바로 돌아갔다.'(이이, 『석담일기』 上, 1567) 가난은 만성적이었고, 이후 몇 년 동안 나라에 역병이 돌았다. 나라에서는 병막病幕을 만들어 약재를 나눠주고 격리 조치를 취했다. 하지만 하층민에게는 해당되지 않는 조치였다.(권복규 등, 「조선 전기 역병에 대한 민간의 대응」, 『의사학』 8권 1호, 대한의사학회, 1999)

빈민 구제 '걸인청'을 만들다

4년이 지난 1578년 5월 이지함은 충청도 아산현감에 임명됐다. 예순두 살이었다. 이이가 "이제 나라 꼬라지를 왕 당신도 알겠지" 하고 상소하던 그해다. 신임 현감은 "양어장에서 수시로 고기를 잡아 바치라고 해 죽겠다"는 민원을 듣고 곧바로 양어장을 메워버렸다. 문제는 산적했다. 아산은 군역자 수를 맞추기 위해 '늙고 병들어 죽을 지경인 사람은 물론 나무와 돌과 닭과 개 이름' 까지 명단에 올렸고, 존재하지도 않는 사람의 군 복무 대신 낼 군포軍布를 댈 수가 없어 온 집들이 풍비박산이 된 고을이었다. 역병이 휩쓸고 간 거렁뱅이 고을이, 이번에는 군정軍政으로 신음하는 것이다. 이지함은 '천리天理의 존망 여부를 가름하게 될' 일이니 해결해달라고 상소를 올렸다.(「이아산시진폐상소莅牙山時陳弊上疏」)

그리고 관내를 떠돌며 걸식하는 유민 구제책으로 만든 관청이 '걸인청乞人廳'

충청남도 아산시 영인면 영인초등학교 입구에는 옛 아산현청의 정문인 여민루가 서 있다. 아산현감이던 이지함은 구체적이고 모범적인 빈민 구제정책을 시행했다.

이었다. 걸인청은 거지들을 수용해 일을 가르치는 기관이었다. 다산 정약용에 따르면 이 걸인청에서는 '가장 무능한 자는 볏짚을 주어 짚신을 삼도록 하고 그들의 일하는 것을 감독하니, 하루에 10켤레를 만들어 팔아 하루 일당으로 쌀 한 말을 사지 못하는 자가 없었다.' 능력에 따라 단순노동을 시키고 합당한 대가를 지불하니, 거지들이 그 돈으로 옷을 지어 입었다. 두어 달 사이에 의식이 모두 충족되었다.(정약용, 『목민심서』, 「진황」 6조, '규모') '서울에 있는 창고는 한계가 있고 궁핍한 고을의 요청은 무궁하다.'(이지함, 「이포천시상소 莅抱川時上疏」) 현금과 현물을 통한 가난 구제책은 비현실적임을 이지함은 명확하게 알고 있었다.

걸인청에서 벌어진 각종 행정 행위는 『토정유고』(1720)를 비롯해 정약용(19세기 초), 이유원(19세기 후반)의 저술에까지 두루 기록돼 있다.

'걸인청'이라는 명칭은 아산에 전승되는 이름이며 기록에는 보이지 않는다. 이유원은 걸인청을 '영남에 기근이 든 1570년 세웠다'고 기록했다.(임선빈, 「걸인청의 역사적 실재와 활용방향」, 충남의회 토론회, 2015) 아산에는 영인초등학교 구내에 아산현청 정문인 여민루慮民樓가 남아 있다. 장소가 어디든 시기가 어디든 선비는 붓만 놀리고 백성이 자기와 상전 먹을 것을 책임지던 시대에 이지함은 뚜벅뚜벅 발로 뛰며 비非선비적으로 살았다.

모범 행정가의 은둔과 죽음

1578년 7월 그 행정가 이지함이 죽었다. 아산현감으로 부임한 지 두 달 만이다. 사망 소식은 곧바로 조정에 보고됐다. '천리의 존망 여부를 가름하게 될' 그의 상소도 전달되지 못했다.(1578년 7월 24일 『선조실록』) 이지함은 부모가 묻힌 선산에 안장됐다. 선산은 보령에 있다. 그 옛날 이지함 본인이 부모 묏자리로 잡았던 곳이다. 『토정유고』에 따르면 그곳은 후대에 두 정승이 날 자리이나 막내아들에게 불길한 자리였다. 이지함은 "집안을 위해 내가 재앙을 감당하겠다"며 그대로 자기가 본 자리에 부모의 묘를 잡았다. 맏형 지번의 아들 산해는 영의정이 되고 둘째 형 지무의 아들 산보는 이조판서가 되었다. 이지함의 아들 산두는 스무 살에 요절했다.(이지함, 『토정유고』, 「시장」) 그 선산에 초능력자 아비와 불우한 아들이 가족들과 함께 잠들어 있다. 선산 주소는 '충남 보령시 토정로 1048'이다.

앞날을 훤히 내다봤던 초능력자 이지함은 왜 쉰일곱 살에야 관직에 올랐

나. 둘도 없는 친구 안명세의 죽음 탓이다. 안명세는 명종 때 홍문관 정자正字였다. 소위 대윤과 소윤이 권력 투쟁을 벌여 승리한 소윤은 대윤을 철저하게 압살했다. 그 전말을 사관 안명세가 기록했는데, 그 기록에 처형한 사람과 처형당한 사람 그리고 그 이유가 적혀 있었다. 이게 빌미가 돼 안명세는 소윤에 의해 목이 잘려 죽었다.(1548년 2월 14일 『명종실록』) 이지함은 그날 서로 손을 잡고 영결을 하고는 옷을 찢어 발을 싸매고 달아났다.(『연려실기술』 권10, 「명종조 고사본말」, '안명세의 옥사') 이후 그는 해도海島를 돌아다니면서 거짓 미치광이로 세상을 도피했다.(1586년 10월 1일 『선조수정실록』)

이게 모범 행정가 이지함이 웅지를 펼치지 못하고 늙어버린 이유다. 이게

충남 보령 이지함의 묘. 오른쪽에는 아버지, 왼쪽 뒤편에는 요절한 아들의 묘가 있다. 집안 발복을 위해 이지함은 아들의 불운을 떠안았다.

환갑을 넘긴 신참 노 행정가가 현장에서 느닷없이 죽게 된 이유다. 이게 16세기 그 숱한 영웅들이 난세를 바로잡지 못하고 기러기가 높이 날아 화살을 피하듯 세상을 버리고 산골짜기에서 늙어 죽은 이유다. 지금도 세상에는 힘으로 호령하고 말로 치국治國을 하는 자들이 널려 있지 않은가. 참으로 난세가 아닌가. 땅의 역사

08 흙으로 만든 국과 종이로 만든 떡을 누가 먹으랴!

실용주의 관리 서유구가 난세에 대처한 자세 1

"내 인생은 낭비" 관찰사 서유구

올해 복원된 전라감영 동헌 앞에는 낯선 돌이 두 개 서 있다. 하나는 가석嘉石이고 하나는 폐석肺石이다. 가석은 경범죄를 저지른 자를 그 위에 앉혀서 죄를 뉘우치게 하는 돌이다. 폐석은 억울한 백성이 그 옆에 서 있으면 관리들이 자초지종을 물어 사연을 풀어주는 돌이다. 행정과 사법을 동시에 담당했던 조선시대의 지방관 통치 율법을 상징한다.

19세기 초 이 전라감영에서 만 19개월 근무했던 행정가가 있다. 1833년 4월 부임했을 때 나이는 만 69세, 고희古稀였다. 이 늙은 관찰사는 임기 내내 하루도 빠짐없이 일기를 썼다. 이름하여 『완영일록完營日錄』이다. 그가 결재한 모든 공문서가 첨부돼 있고, 사건과 사고, 민간 풍습과 가뭄 때 고구마를 들여와 시범 재배를 한 사실까지 다 기록돼 있다. 이 사내는 또 한자로 250만 자가 넘는 백과사전을 혼자 지었다. 그 속에는 화훼와 음악, 회화와 건축, 기상과 천문과

복원된 전라감영. 동헌 앞마당 통로 좌우에는 사법행정과 관련된 돌 두 개가 서 있다.

전라감영에 복원된 '가석(嘉石)'. 경범죄를 저지른 백성을 앉혀 놓고 죄를 반성하게 하는 기능을 했다.

전라감영이 있는 전북 전주의 풍남문. 1833년 고희 나이에 전라 관찰사로 부임한 서유구는 '비실용적인 학문은 못 먹는 흙국과 종이떡과 같다'고 했다.

서유구(1764~1845). 조선 후기 대표적인 실용주의자다.

의학과 문화예술과 가정경제까지 다 들어 있다. 책 이름은 『임원경제지』다.

이만하면 웬만한 업은 다 성취했을 법한데, 그가 스스로 남긴 묘지명에는 이리 적혀 있다. '내 인생은 낭비투성이였다네.' 그리고 수수께끼 같은 말을 더 남겼다. '흙으로 만든 국과 종이로 만든 떡은 만들지 않겠다네.'

자, 이 사내 이름은 서유구徐有榘다. '榘(구)'는 모날 구자다. 직선과 네모를 뜻한다. 친구들끼리 부르는 이름 자字는 '준평準平', 목수들이 쓰는 수평계 이름이다. 성리학에 매몰된 조선 선비 치고는 작법이 범상치 않다. 민란民亂이 급증하던 19세기 초 흙국과 종이떡을 거부하고 낭비투성이 삶을 살았다는 서유구 이야기.

과거 부정과 왕세손 이산

정조가 왕위에 오른 과정은 복잡했다. 맏아들 효장세자를 일찌감치 떠나보낸 영조는 둘째 아들 선愃을 세자로 삼았다. 사도세자다. 1751년 5월 13일 영조는 사도세자 맏아들 정琔을 왕세손으로 삼았다. 이듬해 만2세가 된 정이 요절했다. 사도세자의 둘째 아들 산祘이 세손으로 책봉됐다. 1762년 윤5월 21일 사도세자가 뒤주에 갇혀 죽었다. 그리고 2년이 지난 1764년 영조는 사도세자 아들 산을 요절한 큰아버지 효장세자 양자로 입적시켰다. 사도세자는 세자위를 박탈당했지만 산은 왕세손 자리를 유지했다. 11년 세월이 흘러 1775년 11월 30일 영조는 왕세손을 왕좌에 앉히고 본인은 대리청정하는 위치로 물러나겠다고 선언했다.

조정 대신들은 물론 왕세손까지 극구 반대했으나 영조는 '결재 거부' '단식투쟁'을 내걸고 관철했다. 대리청정을 못 하게 하면 아예 왕위를 물려주겠다고 우기기도 했다.(1751년 5월 13일, 1775년 11월 30일, 12월 7일, 12월 8일 『영조실록』)

사흘 뒤 대리청정 축하 과거시험을 치렀는데, 합격자를 고르고 나니 최수원, 조영의, 조우규 세 응시자 답안지가 똑같았다. 과거 문제지는 물론 모범답안지까지 유출된 것이다. 왕좌에 앉은 왕세손은 이들의 합격을 취소시켰다. 그가 조선 22대 국왕 정조다. 왕이 됐어도 과거장 꼬락서니는 변함없었다. 청탁과 남의 글을 베끼는 차술借述과, 책을 들고 들어가는 협책挾冊 행위가 곳곳에서 적발됐다. 처음에 "일단은 참겠다"며 넘어갔던 정조는 나중에는 "〈부정행위 처벌〉 명령을 궐문에 걸라"고 분기탱천하기도 했다.(1782년 1월 10일, 1794년 1월 6일 『정조실록』)

친위대 초계문신과 서유구

과거가 난장판이니 또 다른 인재 충원 루트가 필요했다. 그게 초계문신抄啓文臣(인재를 골라서 왕에게 아뢰어 등용한 문신)이다. 즉위 후 6개월 뒤 정조는 창덕궁에 왕립도서관 규장각을 세웠다. 규장각 간부인 각신閣臣 6명은 공무 중 면책특권을 비롯한 많은 특권을 누렸다. 한성 안팎으로 말을 타고 다니는 '어마어마한' 특권도 있었다.(1776년 9월 25일 『정조실록』) 그리고 5년 뒤 37세 이하 과거 합격생 가운데 초계문신을 뽑았다. 정조는 이들을 규장각에 근무시키고 직접 가르쳤다. 왕이 관료를 직접 양성한 것이다. 1781년 16명을 비롯해 정조가 죽은 1800년까지 초계문신은 모두 139명이 선발됐다. 1789년 15명에는 정약용이, 1790년 19명에는 문제적 인물 서유구가 들어 있었다.

교육은 혹독해서 초계문신들은 '동몽童蒙(어린아이)같이 맞으며 생도生徒(학생)같이 단속당했다.'(정약용, 『경세유표』 권1, 「춘관예조」, 3) 활쏘기 또한 교양 필수였는데, 정약용도 못 쏘았고 서유구도 못 쏘았다. 서유구는 특히나 젬병이었다. 1791년 10월 2일 초계문신들이 활쏘기 훈련을 받았는데 대부분 활을 쏘지 못했다. 실망한 정조는 시험을 중단시키고 병영에서 훈련을 명했다. 많은 이가 재시험을 통과했으나 서유구는 '구제불능 최하급이라(下愚不移·하우불이) 깎아내지 못할 썩은 나무 같았다(朽木不可雕也·후목불가조야).' 고문관 서유구는 또 숙직을 하며 훈련해야 했다.(1791년 10월 27일 『승정원일기』)

그런데 공부는 뛰어났다. 1789년과 1790년 초계문신을 대상으로 한 시경강의 후 정조가 출제한 시험 문제 590개 가운데 후배 서유구는 181개, 선배 정약용 답안은 117개가 채택됐다.(정명현 등, 『임원경제지』, 씨앗을 뿌리는 사

람, 2012, p149 이하)

똑같이 전도유망한 초계문신 선후배 정약용과 서유구는 이후 인생도 많이 닮았다. 활쏘기를 잘 못한 것도 닮았고(정약용은 아예 자기 문집 『다산시문집』에 '북영벌사기北營罰射記(벌 받은 활쏘기 훈련기)'를 남길 정도였다), 학문에 뛰어난 것도 닮았다. 그런데 우리는 실학, 하면 다산을 떠올리고 서유구는 잘 모른다. 이 사연은 뒤에 하기로 하자.

5020권짜리 백과사전 『고금도서집성』

정조가 즉위한 1776년 겨울 청나라로 떠난 연행사 일행이 만 석 달 만에 돌아왔다. 1777년 2월 24일 창덕궁에 입궐한 일행은 이렇게 보고했다. "『고금도서집성古今圖書集成』 5020권이 지금 막 실려 오고 있나이다."(1777년 2월 24일 『정조실록』) 『고금도서집성』은 청나라때뿐만 아니라 지금도 최대인 중국 백과사전이다. 가격은 은화 2150냥이었다.

선대인 영조 시대는 학문의 암흑기였다. 전주 이씨 왕실 계보를 왜곡한 청나라 책이 수입되자 영조는 일체의 중국 서적 수입을 금지하고 책 판매상인 '책쾌冊儈' 영업도 한동안 금지했다.(『땅의 역사』 4권 1장 '서점 없는 나라 조선과 책쾌冊儈들의 대학살' 참조) 정조가 즉위하고, 학문을 통해 왕권 강화를 꿈꿨던 정조는 청나라 학술 서적을 직접 명했다.

도서집성 상자를 열어보니 종이가 저급한지라 죄다 뜯어내고 제본을 다시 했더니 두 권 늘어나 5022권이 되었다. 그 책마다 제목 '도서집성' 네 글자를 모두 지사知事 조윤형이 썼다. 함께 근무하던 이덕무가 "최소한 도서집성 네 자는 왕희지보다 낫다"고 놀릴 정도였다.(노대환, 「18세기 동아시아의 백과전

서 '고금도서집성'」, 『규장각 칼럼』, 서울대 규장각한국학연구원, 2015)

정조가 원했던 책은 당시 현존하는 모든 명저를 모은 총서 『사고전서四庫全書』였는데 아직 미완성 상태였다. 그래서 연행사 부사 서호수가 청 학계를 잘 아는 유금을 통해 『고금도서집성』을 대신 구입했다.(김윤조, 「18세기 후반 한중 문인 교유와 이조원」, 『한국학논집』 51집, 계명대 한국학연구원, 2013)

핏줄에 흐르는 실용주의

그 서호수의 아들이 서유구다. 서호수는 규장각 각신이었고 동생이자 서유구 삼촌 서형수는 초계문신이었다. 그리고 할아버지 서명응은 1776년 규장각이 설립되고 첫 제학提學이었다. 서명응은 농서 '본사本史'를 손자와 함께 지었는데, 그는 손자에게 이리 말했다. "자고로 어렵고 난삽한 말을 써서 읽는 사람의 입에 재갈을 물린 듯이 한다면 후세에 글 못 읽는 사람들이 이 책을 장독 뚜껑으로 쓰게 될까 두렵다." 서유구는 기쁘게 깨닫고 책을 완성했다.(서유구, 『풍석고협집』 권6, 「잡저」, '발본사跋本史')

난해하기 짝이 없어서 독자로 하여금 두 번 세 번 읽게 해야 명문名文 취급 받던 시대에, 이 서씨 3대는 그렇게도 실용적이었다. 서유구는 중국 고대 실용지식을 담은 『주례 고공기』를 삼촌으로부터 배우다가 "대장부 문장은 마땅히 이러해야 한다!"고 책상을 치며 소리지르는 아이였다.(서유구, 『풍석고협집』 권6, 「서형수 서문」)

모날 구 자를 아들 이름에 넣은 사람이 서호수였고, 그 두 사람에게 실용주의적 시각을 내려준 사람은 고증학의 대가인 할아버지 서명응이었다. 피는 쉽게 속이지 못한다.

자, 세월은 바야흐로 민란의 시대로 흐르고 있었다. 국왕을 보필하며 학문과 정치를 찬란하게 빛낼 임무를 띤 초계문신 출신들은 그 민란의 시대에 어떻게 대처할 것인가. 대표적인 초계문신 김조순은 정조 본인이 순조의 장인으로 낙점했다. 병자호란 때 척화론을 주장했던 김상헌의 후손 김조순은 이후 60년 넘도록 이어진 세도정치의 서막을 열었다.

국가를 자기 재산 내지는 금고로 생각했던 세도가들은 금고를 털어내듯 가렴주구와 학정으로 백성을 수탈했다. 1863년 고종이 즉위하고 그 아버지 흥선대원군이 권력을 차지했을 때, 나라는 빈털터리였다. 예정대로 민란民亂이 폭발했다.

1800년 정조가 죽었다. 기둥이 쓰러진 초계문신 출신 관료들은 방황했다. 1801년 천주교를 믿는다는 빌미로 정약용은 18년 동안 유배당했다. 서유구는 삼촌 서형수가 동기 김달순의 역모 사건에 연루돼 정계에서 축출당하자 스스로 벼슬에서 물러났다. 1806년이었다. 그가 물러나 초야에 묻혀 산 세월이 또한 18년이었다.

정약용도, 서유구도 그 민란을 눈으로 보고 몸으로 겪었다. 정약용은 곧 조정에 복귀해 세상을 바꾸겠노라며 1표2서(『경세유표』『목민심서』『흠흠신서』)를 지었다. 서유구는 달랐다. 민란에 대한 그의 답은 굶주림에 있었다. 막강 세도정치를 허물어뜨리고 세상을 바꾸기란 불가능했다. 그래서 그는 그 18년 세월을 농사짓고 땔감을 주워 등을 덥히며 백성과 함께 살았다. 그래서 그가 내린 결론은 이러했다. '한때 경서를 공부했으나 옛 사람들이 이미 모두 말해버렸으니, 내가 거기다 두 번 말한들 무슨 보탬이 되겠는가? 또 경세학을 공부했으나 처사들이 이리저리 한 말은 못 먹는 흙국이고 종이떡(토갱지병土羹紙餠)이었다. 그런 노력이 또한 무슨 보탬이 되겠는가.'(서유구, 『행포지서杏蒲志序』, 1825)

좋은 말과 아름다운 이론이 난무하지만 현실을 바꾸지 못한다는 뜻이다. 자기는 먹을 수 있는 국과 떡, 실용적 학문으로 백성을 배부르게 하겠다는 선언이었다. 이제 그 떡과 국 맛을 보기로 하자. 땅의 역사

09 보탬이 되지 않는 자 가운데 글 쓰는 선비가 으뜸이다

실용주의 관리 서유구가 난세에 대처한 자세 2

전북 고창은 고부와 함께 19세기 말 동학혁명의 발상지다. 해마다 봄이면 이곳 학원농장에서는 청보리 축제가 열린다. 부지런한 농부는 지혜롭다.

정도전과 서유구, 그리고 선비

고려 말기인 1375년 성리학으로 무장한 신진사대부 하나가 전라도 나주 소재동으로 유배됐다. 앞에서 이야기한 정도전이다. 유학자가 왔다는 소식에 노인 하나가 정도전을 찾았다. 마중 나온 종에게 유학자가 하는 일이 뭔가 묻자 종이 답했다. "음양과 오행, 초목의 크고 시듦, 삶과 죽음의 이치까지 통달해 아는 사람이외다." 그러자 노인이 이리 답하곤 돌아가 버렸다. "실상이 없으면서 이름만 있으면 귀신도 미워한다고 했고, 스스로 어질다 하고 남을 대하면 남이 받아들이지 않는다. 알 만하구나."(정도전, 『삼봉집』 권4, 「금남야인錦南野人」)(이 책 4장 '간신이 된 정도전과 나주 소재동' 참조)

얼굴 화끈해진 정도전이 정신을 차려보니 그들은 순박하고 허영심이 없으며 글자도 약간 알았고 사투리, 속담도 잘 알았다. 생면부지 유배객을 도와 집도 지어주며 두텁게 대접했다.(정도전, 『삼봉집』 권4, 「소재동기消災洞記」) 그저 뛰어난 자를 믿고 복종하는 어둡고 우매한 존재들(정도전, 『삼봉집』 권3, 「상정달가서上鄭達可書(정몽주에게 올리는 글)」)이 아니었다.

부끄럽고 감동이 되었던 그는 훗날 경세제민經世濟民 즉 '부국富國'과 천리 밖 적을 꺾는(折衝千里之外·절충천리지외) '강병強兵'을 하는 관리를 이상으로 삼았다. 그런 세상이 오면 남쪽 변방에서 갇힌 채 죽더라도 한이 없겠다고 다짐했다.(정도전, 『삼봉집』 권3, 「송조생부거서送趙生赴擧序(과거 떠나는 조박을 전송하는 서)」) 하여 무장 이성계와 신진사대부 연합 세력은 부패한 고려를 타도하고 새 나라를 세웠다.

세월이 까마득하게 흘러 19세기 초, 정계에서 물러나 농사짓던 조선 관리 서유구가 이렇게 기록했다. "메뚜기처럼 곡식이나 축내고 세상에 보탬 되지 않는 자 중에 글 쓰는 선비가 으뜸이다(空蝗黍粟無補於世者 著述之士實爲之最·공황서속무보어세자 저술지사실위지최).”(『풍석전집』, 「금화지비집」 3, ‘금석사료서’) 왕조들이 흥멸하는 동안에 무엇이 변했으며, 무엇이 변하지 않았는가. 전 지구가 어지럽게 회전하던 19세기에 서유구는 곡식 축내는 선비들에게 무슨 화두를 던졌을까.

낙향 생활 18년과 대각성

정도전이 귀양살이를 하던 14세기 말, 고려 백성은 좋은 땅을 가지고 있으면 모두 때리고 장을 쳐서 빼앗겨, 송곳 꽂을 땅도 없어 부모와 처자식이 굶주림과 추위에 떨다가 헤어지고 흩어지던 때였다.(1385년 11월 『고려사절요』·『고려사』, 「식화」 1, ‘토지 겸병에 대한 상소’, 1388년 7월)

조선 왕조가 말기에 접어든 19세기도 마찬가지였다. 민간에서는 고질적 병폐인 삼정(환곡·전정·군정) 문란이 극단으로 치닫고 있었고 권력 세계에서는 권력을 특정 가문이 독점한 세도정치가 한창이었다. 초계문신 출신인 김조순이 순조 장인이자 후원자로 등장하면서 세도정치 시대는 본격적으로 개막했다.(『땅의 역사』 4권 4장 ‘정조의 인사 실패와 세도정치’ 참조)

1806년 초계문신 동료 김달순이 상소 문제로 처벌받았다. 서유구 삼촌 서형수도 이에 연루돼 유배형을 받았다. 서유구는 곧바로 사표를 내고 고향으로 돌아갔다. 정계 복귀까지 18년이 걸렸다.

그 사이에 서유구는 고향 파주 장단을 시작으로 여러 차례 이사를 하며 가난하게 살았다. 농사를 짓고 땔감을 줍고 ‘7척이나 되는 몸뚱어리가 조그만 거처조차 빌리지 못하며’ 살았다. 못이 박인 아들의 손을 보고서 어머니 한산

이씨는 이렇게 말했다. "도시에 살면서 호미도 못 알아보며 배에 곡식 채우고 몸에 비단 두르는 이들은 천지를 훔치는 도적놈이로다!"(정명현 등, 『임원경제지』, p176-179) 그리고 서유구가 각성을 했다. 정도전처럼, 세상을 보는 다른 눈이 열려버린 것이다.

"흙, 국과 종이, 떡은 가라"

워낙에 실용적 가풍 속에 성장한 서유구였다. 뇌 속에 박혀 있는 그 실용주의적 시각과 18년간 몸으로 겪은 백성들 삶이 융합되면서 서유구에게는 고담준론하는 사대부들이 메뚜기처럼 보였다.

'(사대부는) 조상 중 1명이라도 벼슬한 이가 있으면 눈으로는 고기 어魚와 노나라 노魯자도 구별 못 하면서 손으로는 쟁기나 보습을 잡지 않는다. 처자식이 굶주려 아우성쳐도 돌아보지 않고 손 모으고 무릎 꿇고 앉아 성리性理를 이야기한다.' 독설은 이어진다. '왕은 앉아서 도를 논한다는데 뭘 논하는지 모르겠고 사대부는 일어나 행한다고 하는데 뭘 행하는지 모르겠다.' 그리하여 서유구가 결론을 내린다. '(조선이) 천하의 가난한 나라가 된 것은 참으로 어쩔 수 없는 추세일 뿐이다.'(정명현 등, 앞 책, p426-427, 재인용)

그래서 서유구는 방향을 틀었다. 공자 왈과 맹자 왈을 담은 경서와 현실적 준비 없이 세도정치의 모순을 깨뜨리겠다는 이상주의적 경세론은 '먹지 못할 흙국이요 종이로 만든 떡(土羹紙餠·토갱지병)'이니, 자기는 백성이 현실에서 스스로 부국富國할 길을 트겠다는 것이다. 세상은 엄혹했다. 대표적인 경세론 학자인 정약용도 '내가 쓴 목민심서는 반 구절도 다른 사람에게 보여선 안 된다'고 두려워할 정도였다.(정약용, 「약암 이재의에게 보낸 편지」)

서유구는 경세론을 포기하고 먹을 수 있는 국과 떡을 만들었다. 그게 『임원경제지』다. 농촌 경제를 열여섯 분야로 나눠 2만 7000개가 넘는 표제어를 자그마치 250만 자가 넘는 분량으로 설명한 책이다.

서유구가 겪은 참담한 나라

그 나라는 본인이 겪은 풍상은 유도 아니었다. 『임원경제지』 가운데 생활용품을 다룬 「섬용지」의 서문은 이러했다. '한 항목이라도 한숨 나오지 않는 것이 없다. 벽돌 굽는 제도는 들어본 적이 없고 배는 겨우 다닌다는 이름만 있다. 수레는 아예 막막하다. 이래서 온 나라 사람이 지지리도 힘들게 이고 지고 다닌다. 우리 것이 이처럼 거칠고 졸렬하여 바다 건너 오랑캐 일본(海中之一醜·해중지일추)에게서 상품을 수입하게 될 줄 누가 생각했겠는가.' 지식인들의 나태함과 비현실성을 한탄했던 서유구는 아예 독자에게 이렇게 주문한다. "섬용지 독자들이여, 분개하는 바가 있을지어다(其有所興慨者與·기유소흥개자여)!"(『임원경제지』, 예규지 서문, 「섬용지」 4, 공업총정리, p937)

이 모든 원인은 사대부, 바로 조선의 지식인들이었다. '우리 사대부들은 벌레와 물고기 이름을 고증하는 학문을 달가워하지 않는다. 하여 어부와 나무꾼이 비속어로 전하도록 내버려둔다. 그래서 (잘못된 지식을) 시정할 수 있는 사람이 없다.'(『풍석전집』, 「금화지비집」, '낙랑칠어변': 김대중, 「풍석 서유구 산문연구」, 서울대 박사논문, 2011, p118, 재인용)

서유구가 존경하고 따랐던 연암 박지원 눈에도 세상은 똑같았다. 박지원이 쓴 『열하일기』에는 '호질虎叱(호랑이가 꾸짖음)'이라는 소설이 나온다. 창귀들이 선비를 잡아먹자고 추천했으나, 호랑이는 "유자儒者는 딱딱해서 체하거나 구역질이 난다"고 망설인다. 그러다 북곽선생이라는 고상한 유자를 만났는데, 그가 호랑이를 극구 칭찬하자 호랑이가 이리 말했다. "유자가 아첨꾼이라더니 참말이구나!"(박지원, 『열하일기』, 「호질」) 지식을 담당한 선비들의 나태함에, 결국 '사용하는 기구는 간편해지는데 조선은 옛 방법을 고집해 백배로 힘들면서 깨닫지 못하니 온 나라가 궁핍해진 이유가 이것이다.'(정명현 등, 앞 책, p1459, 재인용)

백성의 백과사전, 『임원경제지』

그래서 『임원경제지』에는 사람이 먹을 수 있는 국을 끓이는 방법과 사람이 씹어 삼킬 수 있는 떡 만드는 법들이 구체적으로 적혀 있다. 과거와 현재, 나라 안과 밖이 다 다르므로, 오로지 조선에 필요하고 시행 가능한 정보만을 담았다고 했다. 밭고랑 간격과 깊이는 어찌해야 하며 화훼를 심을 때는 어찌해야 하며 도배는 어떤 종이와 기름과 풀과 아교를 써야 하며, 금과 은, 구리와 철 따위 금속을 어떻게 채취하고 가공하고 활용해야 하는지 적었고, 물건을 사고팔 때 가까운 장터는 몇 리쯤 되는지 거리표까지 삽입해 설명해놓았다. 임원경제연구소 소장 정명현은 이렇게 평했다. '전국 자료를 어쩌면 이렇게도 조사했는지는 잘 모르겠다.'(정명현 등, 앞 책, p1459, 재인용)

그 모든 분야에 서유구는 중국과 조선, 일본 책까지 인용해 가장 실용적인 정보를 골라서 설명해놓았다. 현대 논문처럼, 출처는 명쾌하게 밝혀놓았다. 이 가운데 요리법을 다룬 「정조지」는 풍석문화재단 음식연구소에서 그 몇 메뉴를 그대로 재현해 호평을 받기도 했다.

허망했던 백과사전의 종착지

그런데 세상은 쉽게 변하지 않았다. 18년 시골 생활 후 관직에 복귀했으나 세상은 소란했다. 훗날 그가 스스로 쓴 묘지명 '오비거사생광자표五費居士生壙自表'에는 이렇게 적혀 있다. '근심스러운 처지에 근심을 잊기 위해 온갖 서적을 널리 수집해 『임원경제지』를 편찬했으니 이 일에 골몰한 것이 앞뒤로 30여 년이다. 그런데 인쇄를 하자니 재력이 없고 장독대 덮개로나 쓰기에는 충분하니 이 또한 낭비로다.'(김대중, 앞 논문, 2011, p165, 재인용)

결국 『임원경제지』는 그가 살아 있는 동안에는 세상에 나오지 못했다. 나라가 망하고 암울한 식민 시대, 1930년대에 조선 지식인계에 국학國學 부흥 운동이 벌어지면서 다른 실학자들 저서와 함께 전질 필사되며 햇빛을 보았다. 그나마 그때도 각광받은 인물은 다산 정약용이었다.

이제 21세기가 20년이 흐른 지금에야 서유구와 『임원경제지』 그리고 그가 품었던 실용주의 철학이 눈길을 끈다. 게다가 그가 관찰한 '가난한 나라 되는 법'은 지금도 유효하지 않은가. 땅의 역사

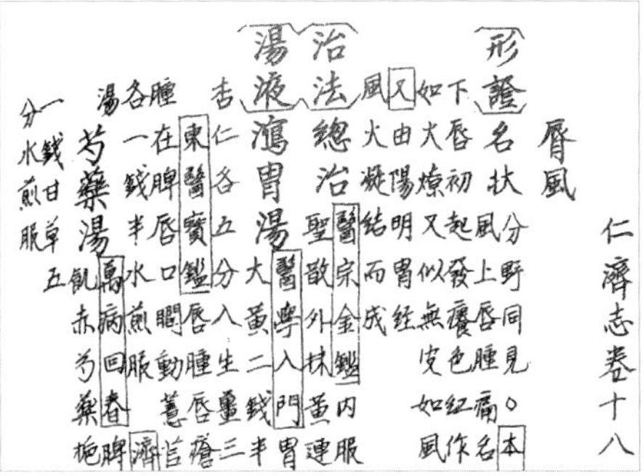

인용문과 출처까지 세밀하게 적시한 『임원경제지』 본문

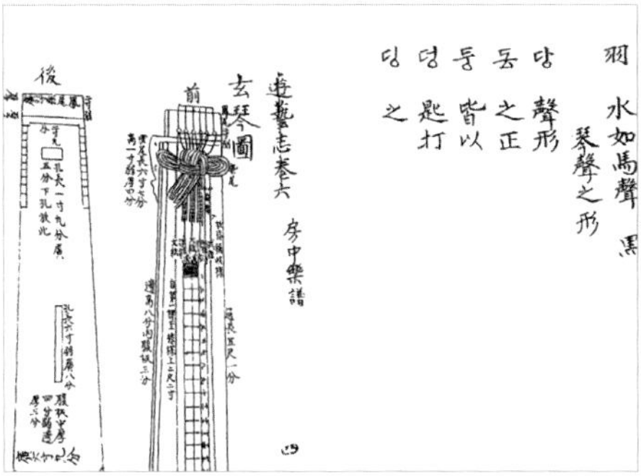

『임원경제지』는 259만 자가 넘는 글로 농업과 제조업, 상업과 예술 같은 민간 경제에 대한 모든 실용적인 정보를 담았다.

잠업을 위한 뽕나무 재배와 수확 항목

2장

개혁과 반동

소리 내 울 곳이 없구나

김홍욱 묘에 난 새싹

01 이 지식을 들고 돌아가면 모두가 놀랄 것이다

극적이고 불우했던 소현세자 부부의 일생 1 : 개혁을 꿈꾼 왕자 부부

1637년 정축년 1월 22일 아버지 인조와 함께 남한산성에 있던 세자가 선언했다. "누가 나라 운명을 굳건히 하겠는가. 나는 동생과 아들이 종사를 받들 수 있으니 내가 죽는다 하더라도 유감이 없다." 소현세자가 인질을 자청하며 협상은 물 흐르듯 진행됐다. 여드레 뒤 삼전도에서 인조가 항복했다.

2월 5일 세자가 왕에게 하직인사를 하고 길을 떠났다. 이들을 데리러 온 홍타이지의 동생 도르곤에게 인조가 말했다. "가르치지 못한 자식이 따라가니, 가르쳐 주시기 바랍니다." 도르곤이 화답했다. "감히 가르칠 입장이 못 됩니다. 황제께서 후하게 대우하시니 염려하지 마시기 바랍니다." 인조가 아들에게 일렀다. "지나치게 화를 내지도 가볍게 보이지도 말라." 옷자락을 붙잡고 통곡하는 신하들에게 세자가 말했다. "진중하라." 마침내 세자가 말에 올라 떠났다.(1637년 1월 22일, 2월 8일 『인조실록』) 세자는 스물다섯 살, 아내 강빈은 스물여섯 살이었다.

그때 최고사령관 김류가 "같이 끌려가는 내 아들 김경징은 벼슬이 높고 어머니상을 당했으므로 빼달라"고 청했다. 강화도 수비대장 김경징은 밀려오는 청나라 군사 앞에서 술에 취해 난동을 피워 섬을 내준 자였다. 총융사 구굉이 고함을 질렀다. "네 아들이 세자보다 높은가! 중전 상도 1년(초기初朞)이 겨우 지났거늘!"(『연려실기술』 권26, 「인조조고사본말」, '난리 뒤에 생긴 일')

8년 뒤 통곡 속에 떠났던 소현세자와 아내 강빈이 귀국했다. 두 달 뒤 세자가 죽었다. 1년 뒤 강빈이 사약을 받았다. 세 아들은 유배형을 받았다. 아버지 인조는 죽은 며느리를 '개새끼'라 불렀다. 조선 왕국을 획기적으로 변화시킬 수 있었던, 한 고위급 부부의 극적이고 불우한 일생 속으로 들어가본다.

심양 생활

3월 30일 세자 일행이 압록강을 건넜다. 들판과 냇가 노숙 여행 끝에 일행은 4월 10일 심양에 입성했다. 그 다음 달 완공된 심양관 관사로 입주를 마치고 홍타이지를 만났다. 8년의 볼모 생활 동안 여섯 아이가 태어났다. 딸 하나는 요절했다. 젊은 부부로서 겉은 평이해 보였으나 고된 생활이었다.

심양관은 조선의 무역대표부이자 대사관이었다. 끌려온 포로에 대한 송환 협상, 명나라 공격을 위한 징병 요구, 그 군사들을 먹일 군량미 징발 요구, 공물 숫자와 종류 협상 같은 두 나라 사이 현안은 모두 심양관에서 조정됐다. 청 정부는 세자에게 요구를 수용하라고 우겼고 조선 정부는 왜 요구를 수용하냐고 질책했다. 심양관에서 작성한 일지 『심양일기』와 조선으로 보내는 보고서 『심양장계』에는 세자 부부가 갖가지 질병에 시달린다는 기록이 자세히 적혀 있다.

세자는 매월 세 번 열리는 청 황실 아침 회의에 참석했고, 황제가 사냥을 떠나면 동생 봉림대군과 동행했다. 아직 살아 있는 명나라의 숨통을 끊기 위해 청 정부가 군사를 일으키면 소현세자는 그 전쟁에도 동행해야 했다. 그 가운데 세자의 세계관을 흔든 세 가지 일이 있었으니, 농장 경영과 명나라 현실 목격 그리고 아담 샬과의 만남이었다.

세자, 노예 해의 농장주가 되다

1641년 12월 대기근이 중국을 휩쓸자 청 정부는 심양관에 식량 공급을 중단했다. 대신 1000일을 갈 수 있는 밭을 주며 자급자족하라고 요구했다. 심양관은 "큰 나라가 할 일이 아니다"라며 반대했다. 거듭 올라오는 반대에 청 황제는 "그렇다면 1000일 갈이 대신 450일 갈이 좁은 밭을 준다"고 규모를 줄여버렸다.(1641년 12월 23일 『심양장계』) 그러자 소현세자는 심양에 끌려온 조선인들을 주인에게 돈으로 사서 풀어주고 이들에게 밭을 갈게 했다. 속환과 노동력 확보를 동시에 이룬 것이다. 2년 뒤인 1643년 말 심양관은 939일 갈이 농장에 씨앗 233석을 뿌려 곡식 5024석에 목화 620근이라는 엄청난 수확을 거뒀다. '포로로 잡혀간 조선사람들을 모집해 밭을 경작해서 곡식을 쌓아두고는 그것으로 진기한 물품과 무역을 하느라 관소의 문이 마치 시장 같았다.'(1645년 6월 27일 『인조실록』)

전쟁 속에서 현실을 보다

세자와 그 일행이 기록한 『심양장계』는 적나라하다. 명이 망한 이유가 권력자들의 사치라는 사실을 기록하기도 했다. 무엇보다 명 황제의 패악을 있는 그대로 조선에 전하며 대륙에서 벌어지는 일을 똑바로 알리려고 했다.

'황제가 술을 좋아해 술주정을 하여 정사가 어긋나는 일이 많다고 한다. 작년에 청나라에서 화친을 위해 사신 셋을 보냈는데 황제가 술에 취해 그들을 죽이라고 했다. 다음 날 그 사신들 행방을 묻는 황제에게 죽였다고 하니 사형을 집행한 자를 또 죽여버렸다. 그러고는 청에 화친사를 뽑아 보내라고 하니, 사람들이 머뭇대자 화친사를 또 목 베어 죽였다.'(1643년 12월 22일 『심양장계』)

세자 눈앞에서 벌어지는 일은 대개 저런 일들이었다. 주자성리학의 나라에서 온 왕자였으니, 소현세자 또한 본능적인 사대주의자였다. 하지만 그가 대명 전투에서 목격하고 전해들은 소식은 조선에서 배운 바와 너무나도 달랐다. 세자는 물론, 함께 심양 생활을 한 신하들도 느낌은 비슷했다.

사서司書로 세자와 동행했던 김종일은 귀국 후 이렇게 말했다. '군 기강은 엄하고 백성에게는 관대하다. 관리 임명은 능력으로 한다. 이들이 천하를 얻지 못한다고 어찌 장담할 수 있는가(治軍嚴 御衆寬 任人專其所施爲 安知其不得天下耶·치군엄 어중관 임인전기소시위 안지기부득천하야).'(김종일, 『노암선생문집』 권3, 「야성문답」, 1639)

조선에 피어나는 먹구름

1639년 7월 세자가 끌려갈 때 동행했던 박황이 인조에게 넌지시 보고했다. "신이 심양에 있을 때에 어떤 사람이 은밀히 전해주기를 '성에서 나왔을 때에 아들로 바꾸어 세우지 않은 것을 후회한다'고 하였나이다."(1639년 7월 14일 『인조실록』) 세자는 조선과 청 정부 사이에 앉아 병에 걸려가며 동분서주하고 있었지만, 인조의 생각은 조금씩 바뀌어갔다.

1643년 세자와 봉림대군이 귀국한다는 소문이 들려왔다. 그러자 인조가 이렇게 말했다. "청나라 사람들이 나에게 입조入朝(속국 지도자로서 조정에 와서 인사함)를 요구한 적이 있다. 저 나라 사람들이 옛날에는 세자를 지나치게 박하게 대하다가 이제는 오히려 지나치게 후하게 대하니 나는 의심하지 않을 수 없다. 활에 한번 상처를 받은 새는 으레 이런 법이다."(1643년 10월 11일 『인조실록』) 어느 틈에 세자는 아들이 아니라 정적으로 변하고 있었던 것이다. 세월이 흐르고, 아비 마음속에서 아들은 호랑이로 자라나 있었다.

최고 경영자 부부와 '개새끼'

심양 생활 끝 무렵 청나라 섭정왕 도르곤이 명나라 정벌 전투에 소현세자를 동행시켰다. 그때 북경에서 예수회 선교사 아담 샬을 만났다. 아담 샬과 대화하고, 수학과 천문학 서적을 선물받은 세자가 그에게 편지를 썼다. "내가 돌아가면 사람들이 황무지와 같은 곳에서 학문의 궁전으로 옮겨져 크게 놀랄 것이다."(아담 샬, 『중국포교사』·안재원, 「아담 샬, 순치제, 소현세자」, 『인간-환경-미래』, 인제대 인간환경미래연구원, 2012) 소현세자의 육성이 남은 마지막 기록이다.

그리고 이듬해 마침내 소현세자 부부가 귀국했다. 심양에는 수확한 곡식이 4700석 넘게 남아 있었다. 가져온 재물 가운데 은 1만 650냥, 황금 160냥은 강빈의 개인 재산이었다. 강빈에게는 강원도 철원에 있는 사찰에 시주한 황금 260냥도 있었다.

경기도 고양시 서삼릉에 있는 소현세자의 묘역인 '소경원(昭慶園)'. 6·25전쟁 무렵까지 남아 있던 정자각은 사라지고 없다. 묘역은 젖소개량사업소 관내라 비공개 구역이다.

소현세자의 무덤. 비공개 구역이라 찾는 사람이 드물다.

광속으로 변화하는 세상을 품고 압록강을 건넜지만 반응은 이상했다. 사람들은 소현세자가 '학문 강론은 전혀 하지 않고 오로지 이재理財만 일삼았다'고 했다. 실록은 '북경의 물화物貨'를 많이 싣고 왔으므로 사람들이 매우 실망했다'고 기록했다.(1645년 3월 9일 등 『인조실록』)

그 누구도 '사람들을 놀라게 할 지식'에 관한 찬사는 하지 않았다. 김종일이 천하를 얻으리라 예언한 오랑캐 나라 정세에 대한 이야기도 나오지 않았다. 세자로부터 "절개와 지조를 지켰노라"는 영웅담을 기대했지만 세자는 오랑캐 청나라 지식수준과 부귀영화를 이야기하고 수레에는 그 부귀영화를 하나 가득 싣고 귀국한 것이다. 그리고 귀국 두 달 만에 세자가 죽었다. 온몸은 시커멓게 변하고 이목구비 일곱 구멍에는 선혈이 낭자했다.(1645년 6월 27일 『인조실록』) 마치 독살당한 시신처럼 보였다.

아버지의 치사한 기억

이상하게도 아버지 인조는 아들 죽음에 적대적이었다. 인조는 세자의 관을 왕실관인 '재궁梓宮'이라 부르지 말고 그저 널빤지 관을 뜻하는 '구柩'라 부르라고 했다. 1년상도 7일상으로 줄였다. '원園'이라 불러야 할 세자 묘역은 일반 사대부처럼 '묘墓'라고 격하하라 명했다.(1645년 4월 27일 『인조실록』) 며느리 강빈까지 살려두지 않고 죽였다. 예법으로도 있을 수 없는 일이었고, 인정상으로도 마찬가지였다. 사람들은 이해할 수 없었다.

이듬해까지 사람들이 "강빈이 소현세자의 배필이었으니 전하의 자식"이라며 안타까워하자 인조가 이렇게 말했다. "개새끼 같은 것을 억지로 임금 자식이라고 칭하는구나(狗雛强稱以君上之子·구추강칭이군상지자)!"(1646년 2월

9일 『인조실록』) 구추狗雛, 개새끼. 인조는 며느리를 '개새끼'라고 불렀다. 실록에 유일무이하게 등장하는 '개새끼'다. [땅의 역사]

정자각이 사라지고 없는 소현세자의 묘역 '소경원'. 아버지 인조는 아들 묘역을 세자 묘인 '원(園)'이라 부르지 말고 그저 '묘(墓)'라 부르라고 했다.

홍살문 너머 보이는 소경원

02 걱정거리가 될 터이니 기필코 제거하고자 한다

극적이고 불우했던 소현세자 부부의 일생 2 : 질투와 열등감의 왕, 인조

경기도 파주에 있는 인조릉, 장릉

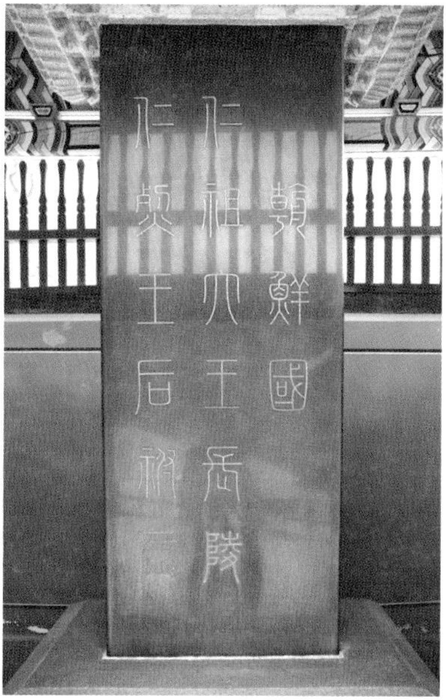

인조릉 비석

1627년 정묘년 1월 13일 후금 기병대 3만 병력이 압록강을 건넜다. 이들이 의주성 밖에서 항복을 요구할 때 부윤 이완은 술에 취해 인사불성 상태였다. 이순신의 조카로서, 정유재란 노량해전에서 총에 맞은 삼촌을 이어 지휘했던 용장이었다. 그 무공이 무색했다. 이완이 북을 치며 군사를 모았으나 '오랫동안 이완이 군사들로부터 마음을 잃어 적병이 강을 건너자 군사와 백성 모두 달아나고 말았다.' 이완은 분전 끝에 전사했다.(『연려실기술』 권25, 「인조조 고사본말」, '정묘년의 노란')

2월 나라에 이상한 소문이 퍼졌다. '우리(후금)는 오로지 옛 왕의 일을 복수

경기도 광명시에 있는 소현세자빈 강빈의 영회원. 일반에 개방되지 않는다.

하기 위해 군사를 일으킨 것이다(今日之事專爲前王復仇·금일지사 전위전왕복구).' 4년 전 광해군을 끌어내린 인조반정의 부당함을 따지고, 나아가 군사들을 징집해제하고 10년 동안 집으로 돌려보내겠다(十年復戶·십년복호)고 했다.(『조야기문朝野記聞』 권5, 「정묘노란」)

얼토당토않은 말이었지만 인조에게는 독화살 같았다. 자기 권력의 불안한 정통성과 돌아선 민심을 정통으로 저격한 소문이었으니까. 그때 인조는 강화도에 있었고, 소현세자는 전주에서 '분조分朝(비상시 조정을 대신한 임시정부)'를 지휘하고 있었다.

복수 더하기 복수, 인조반정

1623년 인조반정은 능양군 이종과 서인세력의 연합 쿠데타였다. 능양군의 복수극이요 서인이 벼르던 권력 복귀전이다.

1615년 광해군은 서울 새문안에 있는 정원군의 집에 왕기王氣가 서려 있다며 집을 빼앗았다. 정원군은 광해군의 동생이자 인조의 친아버지다. 그해 광해군은 정원군의 친아들이자 인조의 동생 능창군을 역모 혐의를 씌워 유배 보냈다. 능창군은 강화도 교동도에서 목을 매 자살했다. 광해군은 정원군이 살던 집을 헐고 경덕궁을 지었다.(1615년 11월 17일『광해군일기』) 그 궁궐이 지금 경희궁이다. 집을 빼앗기고 동생이 강제 자살당한 능양군 이종은 이를 갈았다.

그 능양군을 앞세워 선조 말기에 몰락했던 서인 세력이 일으킨 사건이 인조반정이었다. 인조는 실질적인 주도자임을 자처하며 반군을 앞에서 지휘했다. 복잡하고 불우한 가정사를 일거에 만회한 복수극이었다.

하지만 경운궁(현 덕수궁)에 11년째 유폐돼 있던 인목왕후가 정권 교체를 인정해야 정통성을 확보할 수 있었다. 이들은 그날 밤 경운궁으로 가서 왕후를 창덕궁으로 데려왔다. 대비가 된 왕후가 입을 열었다. "내 손으로 광해와 그 아들의 목을 잘라 혼령에게 제사를 지내려 한다(願親斫渠父子之頭以祭亡靈·원친작거부자지두 이제망령)."(1623년 3월 13일『인조실록』)

권위 없는 반정 정권

인조는 왕권이 목적이었다. 인목대비는 광해군 목이 목적이었다. 서인은 권력이 목적이었다. 폐모살제廢母殺弟(인목왕후 폐위와 동생 영창대군 살해)라는 패륜과 사대 본국 명나라에 대한 배신 심판 같은 거창한 목적은 없었다. 복수와 복수, 그리고 권력에 대한 오랜 갈증이 결합한 쿠데타에 불과했다. 목적이 죄다 달랐으니 정권도 엉망진창이었다.

사람들은 갑작스럽게 왕을 바꾸었다는 소리에 모두 놀라 동요했다. 정권은 이를 힘으로 누를 수 없어서 이루 말할 수 없이 어려움을 겪었다. 그래서 남인 원로인 오리 이원익을 영의정으로 등용하자 그제야 인심이 안정됐다.(김장생, 『사계전서沙溪全書』 부록, 「연보」) 4년 뒤 정묘호란이 터졌다.

정묘호란과 세자의 분조

호란 때 소현세자는 열다섯 살이었다. 개전 직후 인조는 대신들 청을 수용해 분조分朝를 허락했다. 임진왜란 때 광해군의 분조에 이은 두 번째 분조다. 인조는 체찰사 이원익과 좌의정 신흠을 포함한 조정 관료 26명을 대거 분조에 포함시켰다. 자신은 강화도로 도망갔다.

그해 1월 24일 서울을 떠난 세자는 3월 23일 강화도로 복귀할 때까지 이들과 함께 민심 안정이라는 비상 대책을 성실하게 수행했다. 아버지 명에 따라 세금 부과의 근거가 되는 호패를 불태우고 노동 징발도 가급적 감해줬다. 대신들과 경서를 읽는 세자 교육도 빼지 않았다.(성당제, 「정묘호란 시 소현분조와 세자의 역할」, 『규장각』 31집, 규장각 한국학연구원, 2007)

조선의 세자 교육은 시강원侍講院 소관이다. 소현세자는 이동식 시강원 교육은 물론 전쟁이라는 어마어마한 현장교육까지 체험한 권력 후계자가 되었다. 전쟁은 두 달 만에 끝났다. 세자는 후금의 동생 나라가 된 조선 조정으로 복귀했다. 앞장에서 봤듯, 그 어마어마한 경험에 중국에서 보고 겪은 새로운 지식체계가 융합해 세자는 장차 지혜롭고 현실적인 지도자로 변신할 참이었다.

세자빈 강씨와 물실국혼(勿失國婚)

그리고 그해 7월 인조가 남인 윤의립의 딸을 세자빈으로 정했다. 서인들이 벌떼처럼 반대했다. 사간 이상급은 "역적의 친척 딸이니 국혼國婚은 불가하다"고 주장했다. 인조가 "정혼定婚이 내 뜻인데 어찌 감히!" 하며 화를 냈다. 이상급이 눈 하나 깜빡하지 않고 말했다. "신臣을 파직하시라." 인조는 파직시키지 못했다. 김자점, 심명세, 윤방, 이정구 같은 반정 공신을 포함한 서인 전원이 반대했다. "혼인은 반드시 그 부모가 주관한다"고 인조가 반박했다. 서인들은 "국혼은 대신과 반드시 상의한다"고 재반박했다.(1625년 7월 28일 『인조실록』)

반정 직후 서인은 두 가지 밀약을 맺었다. '인력은 이때까지 권력에서 배제됐던 서인 세력에서 충원하고(崇用山林·숭용산림)' '왕비는 서인 가문에서 낸다(勿失國婚·물실국혼).'(남하정, 『동소만록』, 1740) 마르고 닳도록 권력을 누리겠다는 의지다.

결국 두 달 뒤 인조는 서인인 승지 강석기의 둘째 딸을 세자빈으로 간택했다. 서인 그 누구도 반대하지 않았다. 서인의 압승이었다.

병자호란, 질투의 증폭

1637년 1월 30일 두 번째 호란을 당하고 인조는 항복했다. 한 번에 세 번씩 이마를 세 차례 땅에 찧는 삼궤구고두례를 행했다. 모든 의식이 끝났지만 인조는 밭 한가운데 앉아 일어나지 못했다. 청 황제 홍타이지는 해질 무렵이 된 뒤에야 귀경을 허락했다. 나루터에는 빈 배만 두 척 떠 있었다. 백관이 서로 먼저 타려고 인조의 옷깃을 잡아당겼다.

소현세자는 청 진영에 머물다 심양으로 떠났다.(1637년 1월 30일 『인조실록』) 분조 시절과 달리 심양에는 세자를 가르치는 시강원 관원만 있었다. 세자에게 정책을 조언하거나 행동을 통제할 관리는 없었다. 청나라의 요구와 조선의 요구 사이에서 세자는 갖은 국사國事를 스스로 판단하고 실천했다. 오랑캐에게 고개 숙인 인조를 사람들은 '오군汚君'이라 불렀다. '더러운 군주'라는 뜻이다.(김영조, 『망와선생문집』 4, 「대사헌사직의 소」) 관직을 받고도 핑계를 대고 낙향하거나 어사로 임명되고도 상소를 하고는 도망간 자가 속출했다.(1637년 9월 10일 『인조실록』) 끝없이 이어지는 권위 실추는 콤플렉스로 변했다.

삼전도 항복 석 달 뒤 청나라로 떠나는 사신들에게 인조가 당부했다. "적에게 인질로 잡혔으면 고생을 해야 하는데 관리들이 술도 마시고 집도 정상적이라면 잘못이다. 반드시 단속하라."(1637년 4월 18일 『승정원일기』) 청나라에서는 '세자로 왕을 교체한다'는 소문을 퍼뜨렸다.(1639년 7월 14일 등 『인조실록』)

아버지상 참석을 금지당한 딸

1645년 영구 귀국 전 세자는 두 번 조선을 방문했다. 1640년 인조가 아플 때, 1644년 강빈 아버지 강석기 문상을 위해서였다. 인조는 세자 부부를 공식적으로 마중하지 말라고 어명을 내리고(1640년 2월 24일 『인조실록』) 강빈에게는 아버지 문상을 하지 못하도록 명했다. 강빈은 살아 있는 어머니도 만나지 못하고 심양으로 돌아갔다.(1644년 2월 10일 『인조실록』) 영구 귀국한 세자는 두 달 뒤 급사急死했다. 인조는 세자 신분에 걸맞은 공식 장례식을 대폭

광명시에 있는 강빈의 영회원. 이곳은 강씨의 선산인 금천땅이다. 고양시에 있는 남편 소현세자의 소경원처럼 정자각은 사라지고 없다.

축소하고, 상복을 입는 기간도 1년에서 7일로 줄여버렸다.(1645년 5월 28일 등『인조실록』) 그리고 둘째 아들 봉림대군을 세자로 전격 선정했다.

"후환을 제거한다"

그리고 이듬해 며느리에게 사약을 내렸다. 모든, 말 그대로 조정에 있는 모든 대신들이 직위와 목숨을 걸고 반대했지만 인조는 처형을 강행했다.

강빈은 막강한 권한을 가진 조선 왕실의 총부冢婦, 맏며느리였다. 총부는 죽은 남편을 대신하는 종가와 가문의 맏며느리다. 재산을 관장하고 가계 계승자를 고르는 입후권立後權을 가진 여자다. 그 여자, 강빈이 살아 있는 한 봉림대군의 미래는 장담할 수 없었다. 잘못된 질투에서 비롯된 잘못된 선택을, 인조는 더 잘못된 결정으로 덮어버린 것이다.

"이 여자가 귀국할 때 금백을 많이 싣고 왔으니, 이것을 뿌린다면 무슨 일인들 못 하겠는가. 용렬하고 무식해 의리를 망각한 자들은 재물에 탐이 나서 유혹을을 당할 것이다." 하지만 인조 또한 자기가 꾸미고 있는 일이 무리라는 사실을 잘 알고 있었다. "국문할 때에 별로 자복한 사람이 없었지만 후일 반드시 걱정거리가 될 것이기 때문에 기필코 제거하고자 하는 것이다."(1646년 2월 7일『인조실록』) 듣고 있던 간신 김자점이 잽싸게 거들었다. "심양에서도 강빈은 세자 대신 장계를 맘대로 고쳤다고 들었나이다." 강빈은 한 달 뒤 전격적으로 사약을 받았다. 복수극으로 시작된 반정反正의 부당함을 가슴 속에 안고 살던 인조였다. 그래서 자신 또한 똑같은 반정의 대상이 될까 두려워한 것이다.

사대事大를 기치로 내건 반정 지휘자는 오랑캐에게 고개를 숙였다. 그로 인해 사라진 권위를 며느리 살해라는 패륜悖倫으로 회복하려 했다. 양대 반정 명분을 스스로 버렸다.

인조를 마음껏 휘두르려다가 그 위세에 멈칫했던 서인 정권은 타깃을 바꿨다. 차기 권력자, 효종이었다. 땅의 역사

03 나 죽으면 눈알을 빼서 남대문에 걸어라. 망국 꼴을 보리라

극적이고 불우했던 소현세자 부부의 일생 3 : 강빈의 저주와 김홍욱의 기개

효종이 등극하고 5년째인 1654년 조선에 변괴와 재난이 잇따랐다. 하늘에서는 대낮에 금성이 수시로 나타나 태양처럼 빛을 발했다. 영남에는 붉은 비가 내렸다. 관동에는 붉은 눈이 내렸다. 홍수로 궁궐 안까지 도랑물이 넘쳐 사람이 숱하게 죽었다. 수백 리를 사이에 두고 가뭄과 홍수가 이어졌다. 그해 칠월칠석 날 황해감사 김홍욱이 보낸 재난대책보고서가 조정에 도착했다. 받아 든 효종이 이리 말했다. "나도 모르는 사이에 모골이 송연해진다. 이 자를 잡아오라."(1654년 7월 7일『효종실록』) 엿새 뒤 창덕궁 인정문 앞에서 황해감사는 물론 감사 이송에 시간을 지체한 금부도사 이이형까지 고문을 받았다. 감사 김홍욱은 죽었다. 그날 제주에 큰바람이 불고 비가 내렸다.

봉림대군 세자 책봉 회의

1645년 2월 18일 심양을 떠난 소현세자 일행이 서울에 도착했다. 4월 26

일 세자가 급사했다.

5월 14일 심양에 있던 둘째 봉림대군이 귀국했다. 그가 아버지 인조에게 인사할 때 금중禁中(궁궐 안) 사람들이 모두 다투어 이를 지켜보았다. 실록에는 '국본國本(새로운 세자)이 아직 정해지지 않은 데다 본디 훌륭한 명성이 있어 상이 그에게 뜻을 두고 있다'고 적혀 있다.(1645년 5월 14일『인조실록』)

두 달 뒤인 윤6월 2일 봉림대군이 차기 세자로 전격 결정됐다. 인조는 소현세자의 맏아들 석철 대신 둘째 아들에게 왕위를 물리겠다고 했다. 이날 인조는 조정 대신 16명을 출석시키고 회의를 열었다.

인조가 말했다. "원손元孫(손자 석철)이 자질이 밝지 못하여 결코 나라를 감당할 만한 재목이 아니다." 원손을 가르치는 스승들이 이의를 제기했다. "가르칠 때 재기가 보였다"(이식) "어려서 덕망을 잃은 게 없다"(김육) "어린 소년에게서 어찌 미래를 미리 볼 수 있나"(이경석)

그러자 인조가 말을 바꿨다. "현명함만을 말하는 것이 아니라, 나이를 말한 것이다." 원손 석철은 아홉 살이었다. 똑똑하다고 하면 인조는 어리다고 시비를 걸었다. 어려도 충분하다고 하면 총기가 없다고 대꾸했다. 정해진 결론을 포장하는 무논리였다. 그 무논리에 회의 참석자 16명 전원이 눈치를 보며 입을 다물었다.

느닷없이 김자점이 끼어들었다. "깊고 원대한 성상 생각에서 나온 뜻이니 미룰 필요가 있겠습니까." 인조는 "그 말이 옳다"며 크게 기뻐하더니 결론을 내렸다. "봉림대군을 세자로 삼노라." 김자점이 기다렸다는 듯이 "승전承傳(왕명)을 받들까요?"라고 하니 좌우에서 모두 속으로 웃었다. 실록 사관은 이들을 '임금 뜻을 미리 알아 비위를 맞추는 소인들'이라고 불렀다.(1645년 윤6월

2일『인조실록』) 그렇게 봉림대군은 세자가 되었고 4년 뒤 봄날 왕이 되었다. 이날 어전회의는 조선왕조실록에 기록된 대표적인 아첨배 회합이었다.

금지된 이름, 강빈

그날부터 그해 9월 봉림대군이 세자에 책봉되기까지 석 달 동안 강빈의 남자 형제 4명은 제주, 진도, 흡곡歙谷(강원도 통천), 평해(경상도 울진)로 뿔뿔이 유배형을 받았다.(1645년 8월 26일『인조실록』) 강빈을 시중하던 궁녀들도 귀양을 가거나 맞아 죽었다. 강빈은 인조가 먹을 전복에 독을 집어넣고, 무속을 끌어들여 인조를 저주한 혐의를 받았다. 임금 수라상에 어떤 방식으로 독을 넣었는지는 아무도 밝히지 못했다.

이듬해 2월 강빈이 사약을 받았다. 이후 재조사에 들어간 강빈 사건에서 추가로 처형된 사람은 애순, 가음금, 복기, 돌쇠, 옥남, 끝덕, 끝향, 자근춘, 자근개, 종생, 순례, 최득립, 종례, 예옥 14명이었고 나머지는 모두 불복하고 죽었다. 수사 결과를 발표하며 인조가 말했다. "지난해 강빈 무리가 곤장 맞고 죽은 뒤로는 환절기면 으레 아프던 증세가 재발하지 않아 다 끝난 줄 알았는데 아니었다."(1647년 4월 25일『인조실록』) 손자 셋은 모두 제주도로 쫓아버렸다. 두 아이는 거기서 죽었다. 이후 강빈 사건은 입 밖에 꺼낼 수 없는 금기가 되었다.

효종의 즉위, 반격의 시작

강빈은 인조가 낙점한 남인 윤의립의 딸을 배척하고 서인이 실질적으로 간택한 세자빈이었다. 강빈의 선친 강석기는 율곡 이이의 수제자로 서인 혈통을 만든 사계 김장생 문인이었다. 궁궐에 진동하는 피비린내와 간신 김자점의 혓바닥이 침묵을 불렀지만, 서인은 포기하지 않았다.

재위 3년째인 1652년 4월 26일 부교리 민정중이 상소를 올렸다. 효종이 내린 교지에 답하는 상소다. 국왕이 의견을 수렴하는 교지에 답하는 상소를 '응지상소應旨上疏'라 한다. 구언상소라고도 한다. 응지상소자에겐 면책특권이 부여된다. 민정중은 "형제 인륜을 위해 강역姜逆(역적 강빈) 사건을 재조사하라"고 했다. 효종은 민정중을 따로 불러 이렇게 말했다. "중죄를 면하기 어려우나 내가 구언求言을 했으므로 용서한다." 강빈이 신원되면 제주에서 살아남은 막내 조카 석견과 왕권 다툼이 벌어질 위험이 있었다. 두 달 뒤 효종은 두 번 다시 강빈 이야기를 꺼내지 말라고 엄명했다.(1652년 6월 3일『효종실록』)

충청남도 서산시 대산읍 대로리에 있는 학주 김홍욱 부부 묘소. 2020년 봄 발생한 산불에 한동안 송림은 누렇게 타고 나뭇가지는 숯덩이가 됐다. 김홍욱의 마지막 말은 "내가 죽으면 내 눈알을 파내 문루에 걸라"였다.

넉 달 뒤 승정원 승지 겸 참찬관이 왕에게 이리 말했다. "성상께서 화가 나시면 지나칠 때가 많다. 말에 난 흠은 고칠 수 없으니 분노에 대해 더 노력하시라."(1652년 10월 23일『효종실록』) 이 간 큰 승지가 김홍욱이다.

황해 감사 김홍욱의 죽음

1654년 조선에 큰 가뭄이 들었다. 효종은 전국에 교지를 내리고 재난 극복 대책을 물었다. 효종은 "말이 거칠거나 참람하더라도 죄 주지 않겠다"고 선언했다.

그때 황해도 감사였던 전 승지 김홍욱이 응지상소를 올린 것이다. "(재해 원인으로) 강옥姜獄(강씨 옥사)이 가장 의심스럽다. 무슨 원한이 있어서 그녀가 불측한 역모를 했겠는가. 지어미가 품은 원한에도 3년간 가뭄이 들었는데, 지금 강씨 가족이 당한 죽음은 지어미 원한 정도가 아니다."

김홍욱 묘역에 화재 후 새로 자라나던 싹들.

효종의 가슴 속에서 강빈 금기령이 응지상소 무죄 원칙을 이겼다. 김홍욱은 그날로 서울로 끌려와 효종이 보는 앞에서 고문을 당했다. 효종은 거침없이 말을 토해내는 김홍욱을 서둘러 고문하라고 명했다. 김육(영의정), 이시백(좌의정), 심지원(우의정)이 "성상의 덕에 손상이 간다"며 만류했다. 효종이 대꾸했다. "후세에 악명이 있더라도 내가 책임진다." 역시 논리는 통하지 않았다. 왕은 주저하는 수사관들에게 고문을 재촉했다. 김홍욱이 주변에 있던 정승과 대신들에게 고함을 질렀다. "너희들은 왜 말하지 않는가!" 다음은 실록 기록이다.

'홍욱이 곤장을 견디지 못하여 대신과 삼사를 부르면서 부르짖었다. "말한 자를 죽이고도 망하지 않은 나라가 있었는가? 나 죽거든 눈을 빼내 도성 문에 걸어라. 나라 망해가는 꼬라지를 보리라(見國家之危亡矣·견국가지위망의).'" 고문 사흘 만에 김홍욱이 죽었다. 효종은 스스로 김홍욱과 절친하다고 한 보덕 이상일을 파면하고 김홍욱은 관직 삭탈, 가족과 친척은 임용 금지 처분을 내렸다.(1654년 7월 17일 『효종실록』)

서인의 권력 장악과 효종의 죽음

이후 서인들 상소와 발언이 이어졌다. '김홍욱이 죽은 뒤 모두들 두려워하여 언로가 끊기려 한다'(1654년 11월 2일 『효종실록』)는 내용이 주였다. 효종은 서인에게 폭군으로 낙인이 찍혔다. 추진했던 북벌北伐은 엔진이 꺼져갔다. 타개책이 필요했다.

3년 뒤인 1657년 1월 마침내 효종은 서인 태두 송준길을 조정으로 불렀다. 화해의 제스처다. 송준길은 등용을 거부했다. 송준길은 그해 8월에야 세자 스승을 맡은 정3품 찬선으로 입궐했다. 함께 임용된 송시열은 등용과 사직을 반복했다. 갑과 을은 바뀌어 있었다.

8월 16일 마지막 사직과 함께 송시열이 봉투를 풀로 붙인 봉서를 보냈다. 이른바 '정유봉사丁酉封事'다. 본문 내용은 "지난 8년은 왕이 조그마한 공효도 없는(無尺寸之效·무척촌지효) 개판"이었고, 18개의 개선 사항이 부록으로 붙어 있었다.

그 가운데 한 항목이 김홍욱이었다. '응지상소는 망령되더라도 죄가 없어야 하는데 좋은 말을 구한다고 해놓고 죽인다면 뒷날 나라가 망할 일이 닥쳐도 누가 말을 하겠는가.'

두 달 뒤 효종은 김홍욱 일족에 내렸던 임용 금지처분을 해제하고(1657년 10월 18일 『효종실록』) 2년 뒤 눈보라가 치던 봄날 김홍욱의 관작을 회복시켰다.(1659년 3월 27일 『효종실록』) 석 달 뒤 효종이 죽었다.

경기도 여주에 있는 효종릉 영릉(寧陵). 세종대왕릉인 영릉(英陵)과 맞닿아 있다.

효종을 내려다본 서인들

서인에게 조선 왕은 특별한 존재가 아니었다. 서인에게 왕은 하나, 명나라 황제밖에 없고 조선 국왕은 제1사대부에 불과했다. 송시열은 효종이 죽었을 때 이조판서였다. 준비된 관을 꺼내보니 너비는 두 치가 부족하고 길이도 효종 몸보다 작았다. 송시열은 다시 만들거나 예비 관을 쓰지 않고 널판을 덧대 급조했다. 사관은 "덧판으로 관을 만들면서 자기 실정이 탄로날까 봐 염을 다시 하자고 청하지 않았다"고 했다.(1659년 5월 6일 『현종실록』) 이듬해 송시열은 "효종은 둘째 아들이므로 3년상이 아니라 1년상이면 충분하다"고 주장해 관철했다.(1660년 4월 18일 『현종실록』) 산 서인이 죽은 효종을 굴복시킨 것이다.

***

김홍욱은 노·소론으로 갈라진 서인 세력에서 노론 벽파의 정신적인 시조가 됐다.

김홍욱의 7대손이 추사 김정희다. 숙종 때 기사환국(1689년) 5년을 제외하고는 실세는 노론이었고, 끝까지 그리되었다. 한번 잘못 뿌린 씨앗이 온 밭을 칡넝쿨 천지로 만들어버렸다. 강빈의 저주도 그리 깊었다. 땅의 역사

04 하늘에서 보아라, 중국과 오랑캐가 따로 있겠느냐

反(반) 중화파 실학자 홍대용과 주춧돌만 남은 그 집터

충청남도 천안시 수신면에 있는 한 집터의 주인 이야기다. 주인 이름은 홍대용이다. 1731년 태어나 1783년 죽은 실학자다. 그가 살던 그때는, 조선판 '문예부흥기'였다는 영정조 시대였다. 찬란한 시대를 이끄는 지도자 정조가 선언했다. "오랑캐가 중화를 멸하여 짐승의 시대가 되었다."(1779년 2월 14일 『정조실록』) 그 찬란한 시대에 홍대용이 말했다. "중화와 오랑캐가 따로 있다더냐."(홍대용, 『의산문답』)

석실서원과 노론 홍대용

경기도 남양주에 있는 석실서원은 병자호란 때 척화파 김상헌을 모신 서원이다. 김상헌은 극단적인 중화주의자였지만 그 후손들은 조금 달랐다. 나라가 안정되고 노론이 정권을 장악했다. 그러자 충청도 화양서원의 송시열 파(호론湖論)와 경기도 석실서원 파(낙론洛論) 사이에 논쟁이 시작됐다. 낙론은

청나라 친구 엄성이 그린 홍대용 초상

"짐승과 인간은 심성이 같다"고 했고 호론은 "짐승과 인간은 당연히 구분된다"고 했다. 같다고 하면 오랑캐 청나라와 중화 모국 명나라도 같아야 하고, 다르면 오랑캐와 중화는 당연히 달랐다. 반청 이데올로기로 무장한 호론은 낙론 주장을 받아들일 수 없었다. 이를 '호락논쟁湖洛論爭'이라 한다.

홍대용은 천안에서 태어나 열두 살에 석실서원으로 찾아가 공부했다. 그리고 1765년 34세 때 작은아버지 홍억을 따라 청나라를 여행했다. 1774년 늦은 나이에 훗날 정조가 된 세자를 보필하는 정8품 말단 시직侍直이 되었다. 그 사이에 박지원, 이덕무, 박제가 같은 개혁 노론과 불우하되 영민한 서얼들과 교류했다(첩 가운데 양반 여자의 소생 아들을 서자라 하고 천민 첩의 소생을 얼자라고 한다. 서자가 됐든 얼자가 됐든 천대받고 차별받기는 마찬가지 존재였다).

홍대용부터 박제가까지, 이 넷은 모두 청나라를 다녀온 사람들이다. 비교적 개방적인 서울-경기의 학문 풍토와 청나라 선진 문명 경험이 결합해 이들은 훗날 북학파北學派라는 중상주의 실학자들이 되었다. 홍대용은 박지원보다 여섯 살 많았다. '아버지는 항상 조선 사대부들이 이용利用(실생활에 도움이 되는 학문)과 후생厚生(삶을 윤택하게 하는 학문)을 소홀하게 여긴다고 생각했다. 홍대용이 평소 간직하고 있던 의견 또한 이와 같았다.'(박지원 아들 박종채, 『과정록』)

오랑캐 수도에서 각성한 홍대용

홍대용이 쓴 연경 여행기 '연기燕記'에는 홍대용이 겪었던 충격이 자세하게 적혀 있다. 서점가인 유리창琉璃廠에서는 한 점포 책만 수만 권이나 돼 책 이름을 다 보기도 전에 눈이 먼저 핑 돌아 침침해질 정도였다.(홍대용, 『담헌서』 외집 권9, 「유리창」) 가톨릭 성당에서 신부들과 만나 대화를 했고 파이프오르간을 직접 연주하기도 했다. 신부들은 홍대용에게 태양 흑점을 관찰하는 망원경과 나침반과 자명종에 대해 자세하게 설명하기도 했다.(홍대용, 『담헌서』 외집 권7, 「유포문답」)

그리고 홍대용은 연경에 과거 시험을 보러 온 선비 엄성, 육비, 반정균을 만나 성리학과 양명학과 서양 학문에 대하여 토론했다. 귀국한 홍대용이 기행문에 이렇게 기록했다.

'조선 유학자들의 주자 숭봉은 중국인이 따라올 바가 아니다. 그러나 의심되고 논란되는 점에 대해서는 그저 부화뇌동하여 한결같이 엄호하기만 하고 사람의 입을 막으려고만 한다. 저들은 이 고루한 습성을 깨끗이 씻어버렸다.' (『담헌서』 외집 권3, 「건정록후어乾淨錄後語」) 오직 주자의 성리학만 알고 있던 조선 선비 하나가, 오랑캐 수도 연경에서 각성覺醒한 것이다.

「의산문답」의 불온한 사상

그 각성한 선비 홍대용이 쓴 글이 「의산문답毉山問答」(홍대용, 『담헌서』 내집 권4)'이다. 「의산문답」은 '지구가 돈다'는 지전론地轉論부터 '우주는 끝이 없다'는 무한우주론까지, 의산이라는 허구 산에서 허자虛子(헛공부한 선비)와 실옹實翁(참된 현자)이 대화를 나눈 우화집이다. 우주론과 세계론을 총동원해 한자 1만2395자로 쓴 이 글의 결론은 불온하기 짝이 없다.

'서양이나 중국 할 것 없이 모두 옳은 나라正界(정계)다. 하늘에서 바라보면 어찌 내외의 구별이 있겠는가. 중화와 오랑캐는 같다(華夷一也·화이일야). 공자가 조선에 와서 살았다면 조선의 춘추(域外春秋·역외춘추)를 썼을 것이다.'

'화이일야'와 '역외춘추'. 송시열이 구축한 소중화 조선에서는 입 밖으로 꺼내서는 아니 될 선언이었다. 게다가 역대 권력자들은 오로지 부귀영화를 누리며 이를 자손에게 전하기 위해 백성의 이름을 들먹였다는 주장까지 들어 있었다. 자칫하면 사문난적과 역적으로 몰릴 지극히 불온한 사상이며 선전 선동이 아닌가.

그럼에도 불구하고 홍대용은 큰 벼슬 없이 초야에서 무탈하게 살다가 1783년 10월 23일 느닷없이 중풍에 걸려 세상을 떠났다. 강요된 무탈 인생이

충남 천안시 동남구 수신면 장산서길 95-16번지에 있는 담헌 홍대용(1731~1783)의 생가터. 무성한 풀밭에 주춧돌들이 놓여 있다.

천안에 있는 홍대용 묘소

었다. 세상 그 누구도 그의 혁명사상을 읽지 못한 탓에 탈을 일으킬 정도로 세상에 메시지를 전달할 방법도 없었다.

사후 156년 만에 출판된 혁명론

훗날 「의산문답」이 수록된 문집 『담헌서』가 납활자로 인쇄 출판됐다. 문집을 편집한 사람은 5대손 홍영선이다. 교열을 한 사람은 벽초 홍명희다. 서문을 쓴 사람은 위당 정인보다. 출간한 날짜는 서기 1939년이고 출판사는 '신조선사'다. 그가 죽고 156년 뒤, 조선이 망하고 식민시대가 근 30년이 흘러간 뒤에야 출판됐다는 말이다.

그전까지 이 혁명적인 선언문이 세간에 돌아다녔다는 흔적은 보이지 않는다. 연하 친구 박지원은 '책을 짓기까지는 이르지 못했다(未及著書·미급저서)'라고 추모했다.(박지원, 「홍대용 묘지명」) 박지원의 아들 박종채 또한 홍대용이 학식이 정밀하고 심오했으나 과거 공부를 그만두고 한가롭게 지냈다고 했다. 따라서 그 논의가 미친 영향을 가늠하는 일은 의미가 없다.(홍대용, 『의산문답』, 문중양 역, 아카넷, 2019, p19)

그가 이끌었던 북학파 실학자들의 주장도 마찬가지였다. 노골적으로 저항하기에는 노론 교조주의자들이 구축한 소중화 조선이 너무 거대하고 굳건했다. 그리하여 홍대용이 죽기 4년 전, 세자 시절 홍대용과 함께 책을 읽었던 정조가 이렇게 선언했다. "짐승의 시대가 되었다." 정조는 청나라를 통해 몰려오는 서학西學 열풍을, 세상을 짐승으로 만드는 사악한 학문으로 규정하고 오직 성리학을 숭상하고 진흥했다.

짐승의 시대에, 그렇게 홍대용은 선구적인 주장을 펼치고 하늘로 갔다. 그가 살던 천안 옛집은 주춧돌만 남아 있다. 집 뒤에는 대한민국 시대에 만든 홍대용과학관이 서 있다. 그는 집에서 멀지 않은 언덕에 잠들어 있다. 불온한 선언 또한 함께 잠들어 있다.

이야기는 끝이 아니다. 역사는 어쩌면 시작인지도 모른다.

"망원경은 내가 깨버렸다."

자연을 대하는 자세와 변화하는 세계에 대처하는 자세는 놀랍도록 유사하다. 이제 중화와 조선과 오랑캐 일본의 하늘과 땅에서 벌어진 일들을 비교해 본다.

12세기 초 어느 날 북송 황제 휘종이 조서를 내렸다. "옛사람들은 역법에 어두워 일식과 월식을 괴이한 변고라 했으나, 이는 자연현상이다. 이변이라 하기에는 부족하다."(주희, 『주자어류』, 「천지」 下) 일식은 원시시대 이래 '괴물이 해와 달을 집어삼키는' 변고로 인식됐다. 그런데 12세기 송나라 이후 중국에서는 자연현상이 되었다. 송에 이어 원과 명, 명에 이어 오랑캐 청나라가 중원을 차지했다. 수많은 조선 학자와 관료들이 청나라 수도 연경을 찾아 신문물을 접했다. 자명종에서 지도와 망원경까지, 주자성리학 세계관을 뒤흔드는 온갖 물건이 조선으로 들어왔다.

1745년 5월 12일 영의정 김재로가 영조에게 물었다. "지난번 연경에서 들여온 책들과 측후기와 규일영窺日影(태양 관찰용 망원경)과 지도를 아직 폐하께서 관상감에 내리지 않았나이다." 영조가 답했다. "태양빛을 직접 보는 것은 아름다운 일이 아니다. 규일영은 좋지 못한 무리들이 위를 엿보는 기상이 되니 이미 명하여 깨뜨려버렸다. 책과 지도도 모두 물에 풀어 씻어버렸다." 이에 여러 신하가 모두 '찬탄贊歎하였다'.(1745년 5월 12일 『영조실록』)

1834년 조총 장인들이 모여 살던 일본 구니토모에서 구니토모 잇칸사이國友一貫齋라는 장인이 굴절망원경을 개발했다. 잇칸사이는 이 망원경으로 태양을 관찰해 태양 흑점 지도를 작성하고 달을 관찰해 분화구 지도를 작성했다.

그로부터 35년 뒤 1869년 7월 1일 인시寅時(오전 3시~5시) 조선에 일식이 있었다. 국왕 고종은 연옥색 제복을 입고 경복궁 월대에 올라 제사를 올렸다. 석고대죄하듯 하늘에 용서를 비는 '구식救蝕'이다.(1869년 7월 1일 『승정원일기』) 좁은 바다 건너 일본에서는 그 태양을 관찰했고, 바다 이쪽 조선에서는 사라진 태양을 향해 제사를 올렸다.

13년 뒤 서연관 이상수가 고종에게 상소를 올렸다. "서양 이론을 배운 천문가들이 일식은 사람 일과는 관계없다고 합니다. 실로 나라가 패망할 시초를 열어놓은 일이니 엄하게 배격하고 쫓아내소서." 고종이 답했다. "그대 상소

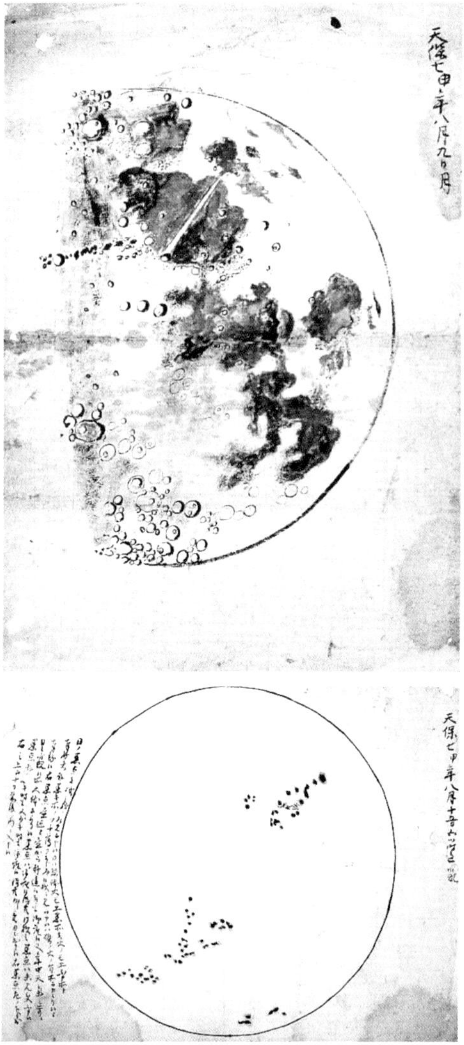

1834년 일본 조총 장인 구니토모 잇칸사이가 그린 달의 표면도(위)와 태양 흑점 지도(아래). 잇칸사이는 영국에서 들어온 망원경을 개량해 직접 망원경을 제작했다.

를 접하니 나도 모르는 사이에 두렵구나."(1882년 9월 20일 『고종실록』) 일본에 의해 강제 개항한 지 6년(강화도조약), 1년 넘도록 월급을 못 받은 구식군대 병사들의 임오군란을 청나라 군사가 진압하고 석 달 뒤였다. 조선을 개항시킨 자는 남쪽 오랑캐였고 조선 반란군을 진압한 자는 북쪽 오랑캐였다. 과연 짐승의 시대였다. [땅의 역사]

05 세상이 좁으니 소리 내 울 곳이 없구나

사대(事大)를 비판한 임제(林悌)와 만주에서 울어버린 박지원(朴趾源)

오래 기침병을 앓다가 그가 죽으니 나이 서른여덟 살이었다. 벼슬살이는 크게 하지 못하였으나, 문장으로 이름을 떨친 사내였다. 평안도 도사로 취임하러 갈 때 죽은 기생에게 술잔을 올리는 객기, 단종 복위를 꿈꾸다 죽은 사육신을 빌어 정치판을 힐난하는 호기를 지닌 사내였다. 죽음 직전에 그가 이렇게 이른다. "나를 위해 곡하지 말라(勿哭·물곡)." 울지 말라는 이유가 웅대하다. 문중 족보 「나주임씨세승羅州林氏世乘」에 이리 기록돼 있다(『성호사설』은 일부 자구字句가 다르다).

'뭍 오랑캐가 황제라 칭했는데 조선만 홀로 중국을 섬기니 살아서 무얼 하며 죽어서 뭐가 한이 되리 울지 말라(四夷八蠻 皆爲稱帝 獨朝鮮入主中國 我生何爲 我死何恨 勿哭·사이팔만 개위칭제 독조선입주중국 아생하위 아사하한 물곡).'

유언은 300년 세월 회자돼 역모 사건의 빌미가 되고, 실학實學의 씨앗이 되고, 식민 망국 지식인에게 위로가 되었다. 통 큰 사람 백호白湖 임제林悌(1549~1587)의 이야기다.

자유인, 청년 임제

조선이 개국한 지 157년 만에 전남 나주에서 임제가 태어났다. 외손자 허목에 따르면, 임제는 '뜻이 너무 커서 세상과 맞지 않아(不適於世·부적어세) 벼슬이 현달하지 못하고 예조정랑에 그쳤다.'(허목, 『기언』, 「자서自序」) 모범적이지는 않았다. 하라는 공부는 하지 않고 기생과 술을 끼고 살았다. 그러나 타고난 재주가 뛰어나 하루에 수천여 자를 외웠고 문장이 호탕했다. 세상을 돌아다니다 1570년 속리산 기슭의 보은 북실마을에서 스승을 만났다. 스승 이름은 성운이다. 성운은 형이 사화에 연루돼 죽자 은거한 선비다. 그가 임제에게 이런 시를 써준다.

'젊은이는 뉘 집 자제인고 / 시가 이장군 같구나 / 언제 다시 만나랴 / 헛되이 북녘 구름만 보네'(성운, 『대곡집』, 「술 취해 임씨 수재에게 주다」)

거친 제자에게 스승은 『중용中庸』을 읽으라 했다. 800번 읽었다. 6년 동안 중용을 깨치고 그가 결론을 내렸다. '도는 사람을 멀리하지 않건만 사람이 도를 멀리하고 산은 속세를 떠나지 않지만 속세가 산을 떠나네(道不遠人人遠道 山非離俗俗離山·도불원인 인원도 산비리속 속리산).'(이수광, 『지봉유설』 권14, 「시예詩藝」) 그리고 속세로 돌아와 과거에 급제했다. 1576년이다. 벼

전남 나주 다시면 회진리에 있는 영모정. 백호 임제가 어릴 적 공부하던 문중 정자다.

슬길이 열렸다. 이듬해 대과에 합격해 제주 목사인 아버지에게 어사화와 거문고 그리고 칼 한 자루를 들고 자랑까지 했다. 그런데 벼슬하기에는 좋지 않은 세상이었다.

16세기 조선, 동서 분당

1575년 을해년, 조선 정치판에 일대 사건이 벌어졌다. 동인과 서인이 갈라지는 을해분당乙亥分黨 사건이다. 이후 조선의 정치는 300년이 넘도록 치열한

전쟁터가 되었다. 임제는 '굽혀서 남을 섬기기를 좋아하지 않은 탓에 벼슬이 현달하지 못했다.'(허목, 『임정랑묘갈문』) 대신 '기방, 주사에서 자유분방하게 노니는가 하면 가끔 슬픈 노래로 강개한 기분에 잠기기도 하니 사람들은 영문조차 헤아릴 수 없었고' '굳이 먹을 잡아 입을 검게 만드는 짓을 달갑게 여기지 아니하였다.'(백사 이항복, 『백호집』, 「서序」) 사람이 도를 떠나는(人遠道·인원도) 세상이 된 것이다.

‘勿哭, 울지 말라’

임제는 보검을 차고 준마를 타고 하루 수백 리를 달리며 세상을 주유했다.(이식, 『택당집』, 「오평사영五評事詠」) 사육신의 혼령을 불러내 당대 간신들을 비판한 소설 『원생몽유록元生夢遊錄』, 간신 무리에 귀를 열었다가 망해가는 왕조들을 꽃들로 비유한 소설 『화사花史』, 충신과 간신 사이 갈등을 풀어낸 『수성지愁城誌』가 그가 쓴 작품들이다.

휴정과 유정 같은 선승과 교류하고 열두 살 연상 친구인 옥봉 백광훈과 함께 풍류를 즐기고 다녔다. 백광훈은 마음을 주고받는 사이였다. 이런 일도 있었다. 임제와 백광훈이 개경에 놀러가 부잣집에 하루를 묵었다. 임제가 주인에게 수작을 걸었다. “내 하인놈이 글을 잘하니 시나 한 수 들으려오?” 임제가 백광훈에게 “京(경) 자로 읊으라”고 명했다. 이에 백광훈이 붓을 날리는데 일필휘지였다. 집 주인이 이리 말한다. “전라도에서는 백옥봉과 임백호가 제일이라던데, 글 잘하는 하인은 처음 보았소.”

1582년 해남 현감 시절 백광훈이 죽었다. 임제는 ‘옥나무가 흙이 되니 청산에는 흰 구름만 남았다’고 슬퍼했다. 이듬해 평안도 도사로 임명돼 임지로 갈 때, 임제는 개경 황진이 무덤에서 조시弔詩를 썼다. ‘청초 우거진 골에 자는다 누웠는다’로 시작하는 시조다. 성리학을 배운 사대부가 기생을 추모하자 조정에서는 난리가 났다. 임제는 이듬해 병을 얻고 임기를 마쳤다.

중들과 친하고 죽은 기생을 애도하고 ‘오색 신기루가 바다 위에 떠오르게 하는’(이항복, 『백호집』, 「서序」) 글재주로 세상을 조롱하던 선비 임제는 1587년 음력 8월 11일 폐병으로 죽었다. 죽기 전 자기 추모시를 썼는데, ‘먼지 많은 세상, 학을 타고 벗어난다’고 했다. (임제, 「자만自輓」)

전남 나주 백호문학관 옆에 있는 '물곡(勿哭)'비. 임제의 유언을 새겼다.

그리고 남긴 유언이 '울지 말라', '물곡勿哭'이었다. 세상은 광대무변하고 가슴 속은 터질 것 같은데 정치하는 자들은 그저 중국만 바라보며 쌈박질만 하고 있으니, 이 세상 떠나는 데 슬플 일이 없다는 것이다. 그는 그렇게 학을 타고 하늘로 갔다.

기축사화와 임제

그가 죽고 2년 뒤 피바람이 불었다. 야당이던 서인이 동인을 박멸시킨 기축사화다. 마이산이 있는 전북 진안에서 동인 정여립이 반란을 꾀했다는 것이다. 서인 당수 송강 정철이 주도해 3000명이 넘는 동인을 처형했다. 반군 토벌대장 민인백이 토벌 작전 직전 정여립을 만나 이렇게 말했다. "생전에 임제가 '세상 모두 천자天子라 칭했는데 우리나라만 그렇지 못하다. 언젠가는 반드시 천자라 해야 하리라'고 하더라." 그러자 정여립이 말했다. "왕후장상이 어찌 씨가 따로 있겠는가(王侯將相 寧有種乎·왕후장상 영유종호)." 이를 듣고 임금이 말했다. "천하를 삼킬 도적임을 알겠다."(민인백, 『태천집苔泉集』 권2, 「토역일기討逆日記」) 아들 임지 또한 '협기를 부리고 멋대로 행동하여' 함께 유배형을 받았다.(1590년 4월 1일 『선조수정실록』)

"가히 울 만하구나"

1780년 정조 4년, 청나라 사신으로 가는 형님을 따라 마흔셋 먹은 선비 박지원이 북경으로 떠났다. 압록강 건너 열나흘 걸려 7월 8일 요녕성 요양시 외곽에 이르렀을 때, 문득 천지사방이 확 트이는 것이다. 박지원이 내뱉었다. "참 좋은 울음 터로다. 가히 한 번 울 만하구나(好哭場 可以哭矣·호곡장 가이

곡의). 내 오늘 처음으로 인생이란 아무 의탁한 곳 없이 하늘을 이고 땅을 밟은 채 떠돌아다니는 존재임을 알았다. (중략) 아이가 어머니 태중에서 갑자기 넓고 훤한 곳에 터져 나와 손발을 펴니 어찌 제멋대로 외치지 않으리오!"(박지원, 『열하일기』, 「도강록渡江錄」) 그 광대무변한 신천지에서 돌아와 박지원은 무역과 상공업 진흥을 외치는 실학 북학파 선구가 되었다. 임제가 꿈꾸던 그 세상을 본 것이다.

또 세월이 흐르매

1902년 매천 황현이 임제 고향 나주를 찾았다. 스러져가는 나라의 마지막 선비가 무덤 앞에서 이리 읊는다. '영웅이여 구천에서 한스러워 마소서 오늘날 조정에는 황제의 의자 드높나니'(황현, 『매천집』, 「회진촌 임제 옛 거처에서 읊다·會津村林白湖故居感賦) 나라가 망하기 8년 전이니 어좌에 앉은 대한제국 황제는 고종이다. 시와는 달리 그 황제도, 세상도 거침없이 나락으로 떨어지던 20세기 초였다.

훗날 사학자요 독립운동가 문일평(1888~1939)이 이렇게 쓴다. '임제가 남긴 기언, 이행에 가장 로맨틱한 것은 유언이다. 중국 주위 이민방異民邦이 다 한 번씩 제왕이 되어 천하를 호령했다. 몽고인은 네 번이나, 만주인은 두 번이나 제국을 세웠다. 조선인은 한 번도 세우지 못했다. 임제가 죽을 때는 만주인의 청제국은 아직 싹도 트기 전이다. 그로 하여금 청 제국을 보게 하였다면 더 개탄했을지 모른다.'(문일평, 『호암사론사화선집湖岩史論史話選集』, 「소하만필銷夏漫筆」)

***

서울 광화문을 떠나 임제가 나고 죽은 전남 나주로 가는 길이었다. 김제에서 일망무제一望無際한 땅을 만났다. 이름도 넓은 광활면 한가운데에 석양이 내렸다. 가히 울만했다. 내가 사는 대한민국은 얼마나 울 만한 땅인가. [땅의 역사]

산 많은 대한민국에서 전북 김제 광활면은 유일하게 지평선을 볼 수 있는 곳이다. 16세기 문인 임제는 좁은 땅만큼이나 편협한 눈을 가진 정치인을 조롱하며 살았다.

3장

전쟁과 군상

장엄했으며, 처절하였느니라

순천 낙안읍성

01 장엄하였으되 처참하게 희생된 애국자들

전쟁에 대처하는 두 가지 방법 : 신미양요와 명량해전 1

앞뒤 말 다 걷어치우고, 전쟁은 이겨야 한다. 1871년 미군과 벌인 신미양요와 1597년 일본군과 싸운 명량해전을 비교해본다. 신미양요는 참패했고 명량해전은 대승을 거뒀다. 패한 전쟁과 이긴 전쟁의 이야기다.

세상을 바꾼 아편전쟁

1840년 영국이 청나라를 공격한 아편전쟁은 국제 질서를 뒤집은 사건이었다. 영국은 산업혁명을 통해 대량살상무기를 대량생산한 나라였다. 그 군사력에 황제국이 참패한 것이다. 아편을 팔아먹다가 시작한 전쟁이었지만, 도덕은 통하지 않았다. 이긴 놈이 자기를 착한 놈이라 하면 그만이었다. 청나라 황제 천자天子가 다스리던 '천하天下'는 붕괴되고 아시아는 제국주의 사냥터로 변했다.

그 상황을 바라보는 조선과 일본 지도부의 시각은 달랐다. 일본 막부 고

문인 경제학자 사토 노부히로佐藤信淵는 "천지개벽 이래 미증유의 사건"이라며 "그 옛날 십만 몽골 강병을 물리쳤듯, 포대를 쌓고 실탄을 터뜨려야 한다"고 막부에 주장했다.(하정식, 「아편전쟁과 조선, 일본」, 『근대중국연구』 2권, 중국근대사학회, 2001)

5년 뒤인 1845년 3월 28일 청나라에서 돌아온 사신 이정응은 조선 조정에 이렇게 보고했다. "無事矣·무사의." '아무 일 없다'는 뜻이다.(1845년 3월 28일 『승정원일기』) 이후 일본 정부와 주요 번藩은 군사 근대화에 착수해 1853년 미국 페리 함대가 들어오기 전 이미 용광로를 만들고 철제 무기 제작에 성공했다.

신유박해(1801)·기해박해(1839)에 이어 병오박해(1846)와 병인박해(1866)까지, 조선 정부 대책은 천하 질서를 파괴하는 천주교를 틀어막고 그 뿌리인 서양에 나라 문을 잠그는 쇄국이었다. 프랑스 신부를 대거 처형한 1866년 병인박해는 프랑스 극동함대가 강화도를 침략해 불바다로 만드는 빌미가 됐다.

신미양요와 미국의 글로벌 정책

1865년 미국에서 남북전쟁이 종료됐다. 내전이 끝나면 어느 정권이든 관심은 외부다. 1871년 그랜트 정부는 고래잡이와 무역 중개지 확보를 위해 아시아함대를 조선으로 보냈다. 핑계는 1866년 평양에서 벌어진 미 상선 제너럴 셔먼호 방화 사건이지만 속내는 조선의 강제 개방이었다. 그해 5월 16일 일본 나가사키에서 로저스 제독이 지휘하는 아시아함대가 출항했다. 함대는 674명이 승선한 사령선 콜로라도호와 273명이 탄 알래스카호를 비롯해 5척으로 구성됐다. 강화도 상륙용 병력은 보병대, 해병대와 포병대, 공병대, 의병대까지 12개 중대 651명이었다.(존 로저스,『조선 요새 함락 보고서』, 1871)

아편전쟁에서 신미년까지 31년, 게다가 병인양요 경험까지 있으니 조선 군사력은 어마 무시했을 것이다. 나가사키 출항 전 미군 또한 '조선의 어마어마한 화력splendid armaments of Korea'에 대해 익히 알고 있었다.(윈필드 슐리,『성조기 아래 45년』, 1904, p88)

포연만 자욱했던 염하(鹽河)

5월 31일 이양선 출현 보고를 받은 조선 정부는 하급 관리 3명을 콜로라도호에 보냈다. 아무런 권한이 없는 이 관리들은 아무 소득 없이 돌아갔다. 6월 1일 조선 정부는 보병부대 증파와 불랑기 포 30문 등 무기 추가 보급을 결정했다.(1871년 4월 14일『고종실록』)

바로 그날 오후(윌리엄 그리피스의『은자의 나라 한국』에는 6월 2일로 기록돼 있다) 모노카시Monocacy호와 팔로스Palos호가 강화도와 김포 사이 염하鹽河에서 수심 측량을 시작했다. 무기나 병력도 적었지만, 간만의 차가 워낙 큰 데다 암초가 많아 규모가 작은 이 두 배가 선택됐다.

염하는 한성으로 이르는 군사적 수로였다. 병인양요 직후 대원군은 이곳에 '海門防守他國船愼勿過·해문방수타국선신물과(바다의 문을 굳게 지키니 타국 선박은 삼가 통과하지 말라)'라는 비석을 세워놓았다. 해협 양쪽에는 조선군부대가 포문을 열어놓고 있었다.

'왜 포격이 없지?' 하고 의아해하는 순간 포격이 시작됐다. 그처럼 좁은 공간에 그처럼 짧은 시간에 남북전쟁 참전병들이 보지 못했던 대규모 화염과 포연, 화약 냄새가 해협을 뒤덮었다. 팔로스호 함장 블레이크는 “이보다 더한 포격은 없었다(nothing so sharp as this)”고 했다.(윌리엄 그리피스, 『은자의 나라 한국Corea the Hermit Nation』, Charles Scriber's Sons, 1882, p411) 지옥문 앞에서 15분을 헤매다 정신을 차려보니 미군 측 부상자는 단 한 명이었고 전사자는 한 명도 없었다. 배들 또한 피해가 전무했다.

나중에 미군이 조선군 진지에서 발견한 불랑기 포들은 죄다 사격 방향을 바꾸지 못하도록 고정돼 있었다. 심지어 몇몇 대포는 발사 반동反動을 막기 위해 나무에 묶여 있었다. 화약도 불이 잘 붙지 않는 저급품이었다. 조선군 무적설은 '외눈박이 거인 사이클롭스 신화처럼' 헛소문에 불과했던 것이다.(윈필드 슐리, 1904, p88)

미군은 '6월 10일까지 무례한 포격을 사과하고 교역을 허가하라'고 적은 문서를 해변 장대에 걸고 퇴각했다. 부도덕한 통첩에 조선은 협상 불가로 답했다. 6월 9일 총사령관 로저스가 블레이크 중령에게 명령서를 하달했다. “미군을 포격한 조선군 진지를 파괴하고 22시간 내에 강화도 조선군의 진지를 점령해 미군의 보복 역량을 과시할 것.”(존 로저스, 1871년 6월 9일 명령서)

포연의 어두운 그림자

병인양요 직후 개화파 김윤식은 “험지에 숨어 정밀한 대포 한 방이면 적선 한 척이 전복되는데, 어찌 군중 힘에 기대겠는가”라고 했다. 김윤식은 “여러 번 서양과 전쟁을 겪은 청나라 학자 위원魏源의 생각”이라고 덧붙였다.(김윤식, 『운양집』 권11, 「양요 때 누군가 편지에 답하다」)

그때 김윤식은 정조릉인 건릉 관리인 건침랑健寢郞이었다. 위원이 쓴 '해국

신미양요 때 미군 포격 흔적이 남은 초지진 외곽 소나무

도지海國圖志'는 이미 국내 지식인들이 애독하던 책이었다. 나라를 개방하고 강병책을 써서 근대화에 대비해야 한다는 내용을 담은 책이다.

병술과 무관한 능참봉도 강병책을 가지고 있었음에도 그 쓰린 전쟁 경험을 조선 정부는 생산적으로 사용하지 않았다. 화승총인 재래 조총부대와 대포부대를 증강했을 뿐이다.

처참하되 장엄하던 그날

6월 10일 오전 10시 미군 작전이 개시됐다. 상륙선 2척이 강화도 초지진 500m 인근 해안에 미군 병력을 내려놓았다. 오후 1시 초지진 앞에 도착한 모노카시호가 초지진을 포격했다. '몇 초 만에' 성벽이 파괴됐다. 오후 1시 30분

강화도 광성보에 있는 신미순의총. 신미양요 때 전몰한 전사들을 합장한 무덤이다.

뻘을 헤치고 미군 상륙부대가 초지진을 점령했다. 조선군은 진지를 버리고 후퇴했다. 미군은 초지진을 파괴하고 대포는 바다로 굴려버렸다.

해병대 대위 틸튼은 "사방이 아름다운 산과 계곡으로 둘러싸인 아름다운 나라"라고 했다.(캐롤린 타이슨, 『1871년 미 해병대의 조선 상륙작전』, p11) 그 아름다운 나라에서 미군은 개구리 소리를 들으며 그날 밤 야영했다.

다음 날 오전 7시 미군은 4열 종대로 행군해 2.2㎞ 북쪽 덕진진을 무혈점령 후 광성보로 향했다. 흰 전투복을 입은 조선 병사들이 곳곳에서 목격됐다. 바다에서는 모노카시호 포격이 계속됐다. 상륙부대가 광성보를 향해 곡사포를 쏴댔다. 낮 12시 35분 광성보 성벽이 파괴됐다. 미군이 광성보 내부 손돌목돈대로 진격했다. 순간 조선군 쪽에서 "그 무엇과도 닮지 않은 소름 끼치도록 이상한 가락의 전송가가 흘러나왔다."(윌리엄 그리피스, 1882, p416) 돈대 내에는 흰옷을 입은 조선군이 가득했다. 낮 12시 40분 돈대 돌격령이 떨어졌다.

"호랑이 사냥꾼들(조선군은 대부분 포수 출신이었다)은 돌멩이와 칼, 창, 흙을 던지며 죽을 때까지 싸웠다."(윌리엄 그리피스, 1882, p416) 긴 시간이 흐른 줄 알았더니 학살의 시간은 순간이었다. 진지 내 백병전에서 조선군이 대다수 전사했고 바다로 뛰어든 병사도 많았다."(윈필드 슐리, 1904, p94) 전투 종료 후 손돌목돈대 안과 밖에는 조선군 전사자 243명 시신이 연기를 날리며 쌓여 있었다. 바다에는 100여의 시신이 떠 있었다. 조선군 전사자들이 입은 아홉 겹 누비솜 방탄복은 여전히 불타고 있었다. 미군 전사자는 3명이었고 부상병은 10명이었다.(윌리엄 그리피스, 1882, p417)

미군은 손돌목돈대에 휘날리던 사령관 어재연의 장군기 '수자기帥字旗'를 비

손돌목돈대에서 미군이 노획한 어재연 장군의 수자기(帥字旗). 2007년 미 해군사관학교 박물관으로부터 장기 임대 형식으로 반환돼 강화전쟁박물관에 있다. [게티 박물관]

인천광역시 강화도 광성보에 있는 손돌목돈대. 1871년 6월 11일 바로 이 조선군 진지에서 조선군과 미국 아시아함대 소속 부대가 혈전을 벌였다.

광성보 전투 종료 후 미국 종군사진가 펠리스 비아토가 촬영한 광성보 풍경 [게티 박물관]

롯해 부대기 50점, 무기 481점을 노획했다. 무기는 화승총이 절대다수였다. 미군은 광성보를 철저하게 파괴하고 다음 날 작약도로 퇴각했다. 22시간을 예정했던 미군 작전은 48시간 만에 종료됐다.

장엄했으되 너무도 처참했던

훗날 작전에 참가했던 슐리는 이렇게 기록했다. "조선군은 필사적인 용기로 싸웠다. 그들은 아무런 두려움 없이 제자리를 지키며 영웅적으로 죽어갔다. 그 어떤 나라 사내들도 이들처럼 가족과 국가를 위해 싸우지 못했을 것이다."(윈필드 슐리, 앞 책, 1904, p95) 그리피스는 이렇게 기록했다. '만일 조선군이 성벽 아래로 제대로 총을 쐈다면 푸른 제복의 미군은 궤멸됐을 것이다. 하지만 조선군의 화승총은 격발이 너무 더뎠다.'

처참했으되 장엄하였고, 장엄했으되 너무나도 처참했다. 1840년 아편전쟁 이후 세상천지가 바뀐 지 30년이 지났다. 서양 화력火力을 경험한 것도 여러 해 전이었다. 하지만 조선군은 여전히 함포 사격은 물론 곡사포와 대포 사격에 대비하지 않았다. 장엄했던 신미년 병사들은 지금 광성보 신미의총에 묻혀 있다.

정신 승리

상해에 있던 미국 공사 프레데릭 로우는 7월 6일 미 국무부에 이런 편지를 보냈다.

'조선 왕이 진실을 알고 있는지는 의문이다. 이번 전투는 조선의 승리로 중국 정부에 보고될 것이며, 조선 왕에게도 마찬가지일 것이다.'

광성보가 함락된 다음 날 강화도에서 조정에 급히 보고가 들어왔다. "적병들이 광성진을 습격하여 함락하고 초지포에 진을 치고 있었는데, 첨사 이렴이 밤을 이용해 습격하자 놈들이 퇴각했습니다."(1871년 4월 25일 『고종실록』)

그날 고종은 대원군 뜻을 받들어 전국에 척화비斥和碑를 세우라고 지시했다. 글귀 몇 자를 새겨넣고 마음을 다잡아 나라를 지키겠다는 발상이다. 하지만 전쟁은 이겨야 이기는 것 아닌가. 정신 승리한 조선 강화도에 4년 뒤 일본 운요호가 포격을 퍼부었다. 모함母艦 한 척과 작은 상륙선 한 척, 이렇게 두 척의 공격에 강화도 수비대는 궤멸됐다. 땅의 역사

강화도 덕진진에 있는 경고비. '海門防守他國船愼勿過·해문방수타국선신물과(바다의 문을 굳게 지키니 타국 선박은 삼가 통과하지 말라)'라 적혀 있다.

02 하늘이 도운 게 아니라 완벽한 준비로 이긴 것이다

전쟁에 대처하는 두 가지 방법 : 신미양요와 명량해전 2

전남 진도 진도대교 아래 해협 이름은 울돌목이다. 물이 우는 소리가 들릴 정도로 거세서 울돌목, 명량(鳴梁)이다. 이순신 동상 너머 해가 진다.

울돌목까지 조선 해군이 몰리게 된 속 터지는 경과에 대하여

"조선 수군이 수전을 잘하고 선박도 견고하니 어두운 밤에 몰래 나가서 습격하되 조선의 큰 배 한 척에 일본은 작은 배 5~6척 내지 7~8척으로 대적하고 화살과 돌을 무릅쓰고 돌진하여 일시에 붙어 싸운다면 격파할 수 있다." (1596년 12월 21일 『선조실록』) 강화 협상을 위해 일본에 다녀온 황신黃愼이 일본 고위층에게 들었다며 조정에 보고한 내용이다.

당연히 조정에서는 이에 대한 대비를 했을 것이다. 그 대비는, 두 달 뒤 조선 해군총사령관 이순신의 파면이었다.

그리고 1597년 7월 16일 거제도 앞바다 칠천량에서 전투가 벌어졌다. '일본군은 밤중에 병선 5~6척으로 가만히 우리 진영 배를 포위했는데, 모두 모르고 있었다. 이날 이른 아침 복병선이 이미 불태워져 부서지자 사령관 원균이 크게 놀라 변을 알리는데, 갑자기 각 배 옆에서 적선이 충돌하니 군사들이 크게 놀라 실색하였다.' 조선 해군은 궤멸됐다. "겁낼 때에 겁낼 줄 아는 것은 병가의 요긴한 계책"이라며 경상우수사 배설이 퇴각시킨 전함 열두 척만 살아남았다.(조경남, 『난중잡록』, 1597년 7월 16일) 8월 3일 전임 사령관 이순신이 복직됐다.(이순신, 『난중일기』, 1597년 8월 3일)

한 달 뒤 추석이 왔다. 일본 해군은 육군과 합세해 남원으로 치고 올라갔다. 남원성을 지키던 지휘관은 명나라 장수 양원이었다. 기마술에 능했던 양원은 산세 험준한 교룡산성에 있던 조선군 본부를 "비겁하고 우둔하다"며 말 달리기 좋은 평지인 남원성으로 옮겨버렸다.

남원성 동서남북 네 문 가운데 동문을 제외하고 모두 일본 해군이 배치됐다. 일본군이 개미 떼처럼 성벽을 타고 넘자 양원은 말을 타고 도주했다. 추석 다음 날 4만 남원성민이 몰살됐다. 훗날 명나라 정부는 양원을 참수한 뒤 사과 명목으로 그 목을 조선으로 보냈다. 조선 정부는 천조국天朝國 장수 양원을 위해 사당을 지어주었다.(1598년 10월 8일 『선조실록』)

바다에서, 조선 수뇌부는 적지에서 어렵게 획득한 '심야 기습 포위작전' 첩보를 새까맣게 무시했다. 일본군은 타깃 선정은 물론 공격 방법까지 정확하게 정해놓았고, 조선군은 이미 예고된 타깃을 정확하게 저격당했다. 원균이 전임 이순신으로부터 인계받은 군량미 9914석, 화약 4000근과 '각 배에 나눠 실은 수를 제외하고도 남아 있던' 총통 300자루(이분, 『이충무공전서』, 「이충

백의종군에서 복귀한 이순신이 군사와 군비 확보를 위해 들렀던 순천 낙안읍성

무공행록』)는 수장됐다. 육지에서, 조명연합군 사령관 양원은 현지 상황을 무시하고 자기가 선호하는 작전만 고집하다가 패했다. 불과 한 달 사이에 조선 육지와 바다가 뚫려버린 것이다. 여기까지가 명량해전이 벌어질 때까지 조선에서 벌어진 오만 잡사 가운데 일부다.

복귀한 해군사령관 이순신이 전쟁을 준비한 방법에 대하여

남원 함락 전날인 음력 8월 15일 복직한 해군사령관은 '병력이 적으니 해군을 해체하고 육군에 편입하라'는 정부 명령서를 받았다. 이를 거부하고 이순신이 정부에 올린 보고서가 그 유명한 '신에게는 아직 배가 열두 척 있나이다. 죽을 힘을 다해 항전하겠나이다(今臣戰船尙有十二 出死力拒戰·금신전선상유십이 출사력거전)'였다. (이분, 「이충무공행록」)

그리하여 많은 사람은 이렇게 생각한다. 명량해전은 상상을 초월한 정신력이 승리한 싸움이라고. 전투가 끝나고 이순신 또한 일기장에 "하늘이 도왔다(天幸·천행)"고 썼으니까.

그러하지 않았다. 하늘에 기댄 적은 일초도 없었다. 8월 3일 복직한 그날부터 9월 16일 전투 당일 아침까지 이순신은 몸이 불편한 날을 제외하고는 단 하루도 쉬지 않고 '새벽' '일찍' 출발해 행군했다. 『난중일기』에 따르면 그는 이렇게 전쟁을 준비했다.

8월 3일 진주에서 재임명 교지를 받은 이순신은 곧바로 섬진강 하구 두치진을 건너 구례로 갔다. 바로 이날 하동에 상륙한 일본 해군이 두치진을 건너 남원으로 북상했다. 간발의 차이로 조선의 운명이 달라졌다. (게이넨慶念, 『조선일일기』, 1597년 8월 3일) 해군사령관이라면 응당 남하해 바다로 가야 했지만, 그는 생각이 달랐다. 해군 재건에 가장 필요한 것은 군비軍備 확보였다.

장교 9명, 병사 6명을 동행해 곡성, 옥과를 거쳐 남하한 이순신은 순천, 보성(16일)에 닿을 때까지 군사를 모았다. 순천에서 정예 군사 60명이 모였고 보성에서는 120명으로 불어나 있었다.(이분, 「이충무공행록」) 배흥립, 송희립, 최대성, 김붕만, 이기남 등 전라좌수영을 함께 지휘했던 역전의 전사들이 재회했다.

둘째는 무기 확보였다. 8일 순천에 있던 군사 창고는 조선군이 후퇴하면서 이미 파괴되고 없었다. 다행히 보성(15일) 창고에는 말 네 마리 분량의 무기가 남아 있었다. 이지, 태귀생, 선의 같은 활을 만드는 무기 제조 기술자도 합류했다.

바로 이날 해군 해체 명령서가 도착했다. 이순신은 거부했다. 군사와 무기 확보가 완료되고 8월 18일 이순신은 장흥 회령포에서 경상우수사 배설이 숨겨놓은 전함을 인계받았다. 한 척이 더 확보돼 조선 해군 함대는 열세 척이 됐다. 초라하기 짝이 없지만, 복직 보름 만에 전투에 필요한 병력과 무기와 전함이 확보된 것이다.

셋째는 유리한 위치 확보였다. 회령포는 포가 좁아 전투에 불리했다. 이순신은 20일 함대를 해남반도 동쪽 이진으로, 24일 해남 서쪽 어란포로 진을 옮겼다. 바로 다음 날 서진西進하던 일본 해군이 이진에 도착했다. 진지 이동이 하루만 늦었으면, 전군이 궤멸될 위기를 모면했다. 29일 함대를 어란포보다 안전한 진도 울돌목 동쪽 벽파진으로 이동시켰다.

그리고 9월 14일 어란 앞바다에 일본 전함 55척이 진입했다는 첩보에 다음 날 울돌목을 건너 옛 전라우수영으로 함대를 이동시켰다. 마침내 전투 준비가 완료된 것이다.

이순신은 끊임없이 첩보원 임준영을 적지로 내보냈고, 그 정보에 따라 움직였다. 그사이 두 차례 소규모 전투가 벌어졌다. 이순신이 직접 지휘해 전투를 치러 이겼다.

지휘관이 직접 나선 이유가 있다. 칠천량 참패의 기억은 현실적인 공포였다. 그 궤멸 장면을 목격한 경상우수사 배설은 병을 이유로 육지로 나가버렸다. 모든 병사가 앓고 있는 대참패의 트라우마 극복을 위해 지휘관이 직접 나서서 전투를 지휘해 공포심을 잠재운 것이다.

전투 전날 그가 군사들에게 이리 말했다. "살고자 하면 죽고, 죽고자 하면 산다." 그리고 그가 내린 명령은 "피란한 백성들은 즉시 육지로 올라가라고 하라"였다. 전쟁은, 군인이 치르겠다는 말이었다.

울돌목에서 벌어진 장엄한 승리 원인에 대하여

조선 해군이 가지고 있는 전함은 판옥선板屋船이고, 주력 무기는 대포다. 판옥선은 갑판 아래에서 격군이 노를 젓고 군사들은 갑판에서 전투하는 대형 군함이다. 일본군 주력 함선 아타케부네安宅船보다 높았다.

일본군의 주력 무기는 조총이었다. 이동이 편하지만, 사거리가 짧았다. 조선군은 사거리 900보짜리 천자총통, 800보짜리 지자총통 따위 대포로 화살이나 탄환 수백 발을 동시에 발사해 원거리에 있는 적선을 파괴하는 전술을 구사했다. 일본 해군은 적선에 근접해 조총을 퍼부은 후 배에 올라타 칼로 싸우는 등선백병전登船白兵戰을 구사했다.

명량해전이 벌어진 장소는 울돌목이다. 울돌목은 조류가 강물처럼 거세고 가장 좁은 곳은 폭이 280m밖에 되지 않았다. 일본 아타케부네는 진입이 불가능했다. 판옥선보다 훨씬 작고 승선 병력도 적은 중형선 세키부네關船만 통과할 수 있었다. '적선 200여 척이 바로 진을 친 곳으로 향하고 있었지만'(이순신, 『난중일기』, 9월 16일), 실제로는 울돌목을 통과해 조선 함대 13척과 대결할 수 있는 배는 많아야 한 번에 6척에 불과했다.(정완희 등, 「칠천량해전과 명량해전의 유형 전투력 분석」, 『군사』 91, 국방부편찬연구소, 2014) 그러니 앞에 나온 '세키부네 5~6척당 판옥선 1척'이라는 일본 전술은 울돌목에서는 맞을 수가 없었다.

『난중일기』에 따르면 조선 해군은 '철환을 쏘고 화살 쏘기를 비바람같이 하며' 앞으로 나아갔다. 거제현령 안위의 배에 일본 군함 2척이 개미처럼 달라붙어 등선백병전을 개시했다. 이순신은 그 백병전에 개입하지 않고 '빗발치듯 어지럽게 화살을 쏴댔다.' 바다에 떨어져 죽은 일본 장수 마다시馬多時를 건져 올려 '마디마디 잘라(寸斬·촌참)' 내걸자 적들의 사기가 꺾였다. 그리하여 적선 2척을 남김없이 무찌르고, 다른 적선 31척도 깨부수었다. 남은 적들은 퇴각했다.(이순신, 『난중일기』, 9월 16일)

대형 화기술과 원거리 전술로 일본 해군을 철저하게 응징하고 격퇴한 전투가 명량해전이었다. 장엄했던 그날, 일본군 등선백병전에 말려든 조선 해군은 한 척밖에 없었다. 가용 자원을 최대한 확보하고, 그 자원을 활용할 수 있는 전쟁터를 찾아 그 자원을 한꺼번에 사용한 전투였다.

'열두 척'과 '죽을힘'과 '의병과 죽창'에 대하여

이게 죽을힘을 다해 싸운 배 열두 척의 실체다. 정신력의 승리가 아니라, 객

경남 남해 관음포에 있는 이락사(李落祠). 이씨 성을 가진 장군, 이순신을 기리는 사당이다. 사당 편액에는 '대성운해(大星隕海)'라고 적혀 있다. '별 하나가 바다에 떨어졌다'는 뜻이다.

관적인 승리였다. 분산돼 있던 전력을 결집시키고, 그 전력에 합당한 전술을 써서 필요한 힘을 완전히 사용했다. 이순신은 전투 종료와 함께 함대를 이끌고 군산 앞바다 고군산열도까지 도주했다. 작전상 후퇴라고도 한다. 영광 법성포 앞바다에서는 일본군에 약탈당하는 법성포를 목격하고도 지나쳤다.(이순신, 『난중일기』, 9월 19일) 가용 자원을 소진해 목표를 달성하고, 불필요한 전투를 회피한 것이다. 백성에게 죽창을 들라고 요구하지도 않았고 의병을 일으키라고 하지도 않았다. 전쟁터를 떠나라는 요구를 백성이 오히려 거부했다. 이순신은 그들에게 '도우러 올 것처럼 먼 바다에 피란선을 줄지어 배치하도록' 명하고 스스로는 맨 앞에서 싸웠다.(이분, 「이충무공행록」)

이듬해 11월 19일 노량해전에서 전사한 이순신 유해는 남해 관음포로 운구됐다. 관음포에는 그를 기리는 사당 이락사李落祠가 있다. 이락사 편액에는 이렇게 적혀 있다. '大星隕海·대성운해'. 큰 별이 바다에 떨어졌다. 여기까지가 이순신이 전쟁을 하는 방법에 관한 이야기였다. 땅의 역사

03 적은 토벌하지 않고 장수를 죽여 성을 무너뜨렸구나

포수 의병장 김백선의 허무한 죽음

사람이 세상을 만들고 세상은 사람을 만든다. 사람이 만들었으되 세상은 사람 마음대로 굴러가지 않으니, 100년 전에도 지금도 그러하다.

절충장군 김백선의 변신

김백선은 경기도 지평砥平(현 양평)에 사는 사내였다. 1894년 동학혁명이 터졌을 때, 김백선은 지평에 있던 유림 맹영재를 도와 동학을 소탕한 공으로 정3품 절충장군 봉작을 받았다.(1894년 음력 11월 7일『승정원일기』) 이듬해 8월 왕비 민씨가 일본인에게 살해되고 11월 갑오정부 김홍집 내각이 단발령을 내리자 김백선은 의병장으로 변신했다. '을미의병'이라 불리는 이 의병들은 유림이 주도했다. 김백선부대를 이끌고 동학을 토벌한 공으로 지평현감이 됐던 맹영재는 주민에게 단발령을 강제하다가 의병부대에 처형됐다.(황현,『매천야록』권2, ① 9. 의병에게 살해된 관리들 , 국사편찬위, 1896) 동학을 토벌한 절충장군 김백선, 의병장 김백선은 포수였다. 평민이었다. 유림이 아니었다. 많은 일들이 이 신분으로 말미암아 벌어졌다.

대의(大義)를 위한 을미의병(1895년)

구한말 의병은 크게 두 차례 일어났다. 하나는 1895년 왕비 민씨 살해사건과 단발령을 계기로 벌어진 을미의병이고 다른 하나는 1907년 대한제국 군대의 해산을 계기로 일어난 정미의병이다. 두 의병은 성격이 다르다.

1895년 한 나라의 왕비가 외세에 살해됐다. '상투'로 상징되는 구체제 붕괴 조짐이 겹치며 조선 지배층인 유림은 거국적인 의병을 창의했다. 타도 대상은 외세인 일본과 구체제 붕괴를 노리는 개화파들이었다. 그래서 이들 의병 진압 부대는 일본군과 개혁을 지지하는 조선 정부 관군이었다. 그 한가운데에 신분은 평민이요 세계관은 구체제요 신념을 행동으로 옮길 실천력과 무력이 있는 포수 김백선이 있었다.

의병장 류인석의 사상

을미의병은 '백면서생과 쑥대머리 농민들이 경서와 쟁기를 던지고 두 주먹으로 일어난' 사람들이었다.(곽종석, 『포고천하문』·이정규, 『창의견문록』: 『독립운동사자료집』 1) 말 그대로 유림이 주도하고 평민이 참가한 의병이라는 뜻이다.

춘천에 살던 유림 류인석은 대표적인 위정척사파 선비였다. 화서학파라 불리는 이항로, 김평묵, 최익현 등과 함께 류인석은 개화는 매국이라 반대하며 단발령과 함께 의병을 창의했다. 류인석이 내건 구호와 비전은 이러했다. "서양이 주장하는 평등과 자유라는 말은 어지러운 싸움을 부르는 칼자루와 같다. 평등하면 질서가 없고 질서가 없으면 어지럽다. 자유가 있으면 다투게 된다."(류인석, 『우주문답』(1913), 서준섭 등 역, 종로서적, 1984, p36-38) "여학교女學校를 주장하는 자는 천지를 본받지 않아 금수 같은 사람이다."(류인석, 『우주문답』, p51) "옛법이 나라를 망친다고 하는데, 나라가 망하는 것은 개화된 후에 일어나는 일이다. 옛법으로 망한다고 해도 개화로 더럽게 망하는 것과는 같지 않다."(류인석, 『우주문답』, p96)

1896년 2월 7일 류인석은 '복수보형復讐保形(왕비 민씨의 원수를 보복하고 옛 의리를 지킴)'을 기치로 의병을 일으켰다. 이 의병부대에 지평 포수 김백선이 수하들을 이끌고 참가했다.

의병장 김백선의 죽음

김백선은 함께 동학을 토벌한 지평현감 맹영재에게 거병을 제안했다. 하지만 거절당하자 그에게 넘겼던 부하 포수 400명을 이끌고 류인석부대로 들어갔다. 김백선은 선봉장에 임명돼 충북 지역에서 일본군과 싸웠다. 선봉부대인 김백선부대는 문경새재를 점령한 뒤 충주성을 함락하고 충주관찰사 김규식을 처형했다. 그런데 일본군이 반격해오자 김백선은 급히 본진 참모장급인 중군 안승우에게 원군을 요청했다. 안승우는 거부했다. 3월 27일 살아 돌아온 김백선은 곧바로 칼을 들고 안승우에게 달려갔다. 그리고 그날 김백선은 총사령관 류인석의 군령에 의해 전격 처형됐다. 죄명은 군기 문란이었다.

이 상황에 대해서 기록은 조금 차이가 난다. 류인석 참모 이정규가 쓴 『종의록』은 이렇다. '성질이 거칠고 버릇이 미치광이 같았다. 포군을 모두 빼내 선비들을 죽이려 하니 (류인석) 선생이 기율 유지를 위해 울면서 참형을 내렸다.’(이정규, 「종의록」, 『독립운동사자료집』 1, 독립운동사편찬위, 1971) ‘성질이 사납고 무식한 백선이 군사를 움직이지 않다가 안승우에게 군사를 청하니 안승우가 거부했다. 백선이 반란을 일으키자 류인석이 부드럽게 책망하여 변을 늦추고 포박하여 목을 베었다.’(박정수, 「하사안공을미창의사실」 上, 『독립운동사자료집』 1)

1910년 경술국치 후 팔도를 유람하며 충신들의 행적을 기록한 송상도(1871~1947)는 이렇게 기록했다. ‘병권兵權이 빼앗길까 시기함인가? 평민에게 욕본 것을 분해서? 안승우가 군사를 보내지 않아서 패배하고 의병도 사기가 꺾이게 되었으니 분노할 수 있는 일이다. 그런데 대의를 내세워 원수를 갚으려 하는 자가 적은 토벌하지 않고 장수를 죽여 방패를 버리고 성을 무너뜨리니(棄其干壞其城·기기간괴기성) 제천의 패전은 당연하지 않은가.’(송상도, 「기려수필騎驢隨筆」, ‘김백선 병신원주의병’, 『한국사료총서』 2집, 국사편찬위)

의병장 류인석의 망명

김백선의 죽음에 대해 송상도는 한 줄 덧붙였다. ‘을묘년(1915년) 가을에 지평 상석리에 가서 이정규가 쓴 『창의록』을 보았다. 류인석, 이춘영, 안승우, 서상열, 나시운은 그 행적이 소상히 기록돼 있으나 김백선은 사실이 없을 뿐 아니라 이름 석 자도 제대로 없었다. 이 어찌 한탄스럽고 슬프지 않으랴.’

백면서생과 쑥대머리 연합군에게 예견된 일이었다. ‘평등과 자유’를 반反질서적 가치로 인식한 유림 류인석에게는 포수들의 저항은 용인할 수 없는 행동이었다. 의병의 군사적 기반인 포수들에게 권위로 무장한 지도부의 행태 또한 납득할 수 없는 일이었다.

김백선 처형 이후 포수부대는 속속 이탈해버렸다. 주력부대를 잃은 상황에서 절대적인 열세 속에 류인석부대는 제천 패전을 시작으로 충청도에서 강원도로, 황해도와 평안도까지 서북쪽으로 패퇴했다.

6월 10일 류인석이 진중에서 말했다. '중국에 가서 원세개袁世凱에게 원병을 청해도 크게 잘못될 것은 없다. 또 우리 사람 1만 명이 사는 요동遼東에서 군사를 양성하면 크게는 온 무리를 바로 잡을 것이요, 적게는 중화의 명맥을 보존할 것이다.' 8월 25일 부대는 압록강까지 퇴각했고 그날 류인석은 압록강을 건넜다. (이상 원용정, 「의암유선생서행대략」, 『독립운동사자료집』 1) 그곳에서 류인석은 공자 사당을 지어놓고 제사에 정성을 들이고 농사에도 열중하였으므로 그곳 풍속에 감화를 주었다. (황현, 『매천야록』 권2, ② 6. 류인석의 요동행, 1896)

고종이 대한제국을 세우고 류인석에게 귀국명을 내렸다. 류인석은 "나라 원수를 갚고 반드시 중국의 맥을 보존하여 큰 의리에 맞게 하려고 하였으나 실패했다"며 귀국했다. (1897년 10월 20일 『고종실록』) 이후 그는 연해주로 건너가 의병활동을 벌이다 대한 13도 의군 도총재에 선출됐다. 1913년 류인석은 자기 세계관과 시국관을 정리한 『우주문답宇宙問答』을 저술했다. 위에 나온 '평등과 자유론' '여학교론'과 '개화 불가론'은 이 책에서 나온 주장들이다.

무척 다른 풍경

1915년 당시 중국 봉천성(요녕성)에서 사망한 류인석은 1935년 강원도 춘천 남면으로 이장됐다. 묘역 이름은 '대한 13도 의군 도총재 의암 류인석 묘

경기도 양평에 있는 의병장 김백선의 묘소. 포수였던 평민 김백선은 원군 요청을 거부한 동료 장수에게 거칠게 항의하다가 군기 문란을 이유로 처형당했다.

김백선 묘 아래에 있는 애마묘. 앞에는 '하늘을 나는 말(天飛馬·천비마)'이라는 비석이 서 있다.

강원도 춘천에 있는 의병장 류인석의 묘소. 구한말 대표적 위정척사파인 화서학파 성리학자다.

역'이다. 류인석에게는 1962년 대한민국 건국훈장 대통령장이 추서됐다.

묘역 안에는 류인석을 기리는 의암기념관이 있다. 묘역 내 석물 하나가 눈에 띈다. 비석이다. 분묘 왼쪽 비석에는 이렇게 새겨져 있다. '有明朝鮮毅庵柳先生之墓·유명조선의암유선생지묘'. '명나라 속국 조선의 의암 유선생의 묘'라는 뜻이다. 1623년 인조반정 이후 서인, 그 가운데 노론 명망가의 묘소 앞 비석에서 흔히 보이는 문구다. 그가 감내해내고, 그가 저항했던 그 험악한 시대와는 어딘가 각도가 맞지 않는다.

류인석 묘역에서 남쪽으로 한 시간 정도 차를 몰고 가면 의병장 김백선 묘역이 나온다. 행정구역은 경기도 양평군 청운면 갈운리다. 김백선은 후손들과 함께 한적한 시골마을 뒷산에 안장돼 있다. 한글로 쓴 비석이 두 개 서 있는데 하나는 '항일의병장 김백선 장군'이고 다른 하나는 '절충장군 을미의병 선봉장 경주김공 도제 자 백선지묘'다. 본명은 도제이며 백선은 자字라는 말이다. 그 오른편 아래에 작은 봉분이 하나 더 있다. 비석에는 '천비마의 묘'라 새겨져 있다. '하늘을 나는 말(천비마天飛馬)'라는 뜻일 것이다. 김백선이 타던 애마 무덤이리라. 류인석에게는 1962년 건국훈장 대통령장(2등급)이 추서됐다. 김백선에게는 1991년 이보다 2등급 낮은 대한민국 건국훈장 애국장(4등급)이 추서됐다. 땅의 역사

의병장 류인석 묘비. '유명조선' 즉 '명나라 제후국인 조선'으로 시작한다.

04 부친상을 당했으니 의병부대를 해산하노라

서울 진공 작전과 13도 총사령관 이인영의 귀향

서울 동대문에서 청량리를 연결하는 도로 이름은 왕산로旺山路다. 왕산은 허위許蔿(1855~1908)가 썼던 호號다. 대한제국 때 의병장 허위는 1908년 경성 감옥에서 죽었다. 허위는 경상도 선산 사람이다. 이제 서울 종로통에 경상도 사람의 호가 붙은 길이 생긴 연유를 알아보자. 제목은 '서울진공작전'이고 공동 주연은 의병장 이인영李麟榮과 모든 의병들이다.

대한제국 군대해산과 정미의병

1907년 헤이그밀사 사건이 터졌다. 일본은 7월 19일 대한제국 광무제 고종을 퇴위시키고 8월 1일 제국 군대를 해산했다. 그날 황실 친위부대인 시위대 참령(소령) 박승환은 권총으로 자살했다. 1895년 일어난 을미의병과 1905년 벌어진 을사의병에 이어 정미의병丁未義兵이 도처에서 일어났다. 해산당한 제국 군사들은 반납을 거부한 무기를 들고 의병에 가담했다. 근대 화기火器

를 소지하고 근대 군사훈련을 받은 전사들이 대 일본 전투에 뛰어든 것이다.

군사력도, 지휘력도, 의지도 없는 대한제국 정부에 독립전쟁은 얼토당토않은 이야기였다. 그래서 이들은 의병義兵, 스스로 대의를 위해 목숨을 바치는 전사들이 되었다. 정규 일본군에게는 절대적 열세였지만, 그래도 이전 의병들과는 화력이 달랐다.

그래서 조선 주둔 일본군인 한국주차군韓國駐箚軍 또한 정예부대를 투입해 대토벌 작전을 벌여야 했다. 총을 든 의병만 아니라 의병 근거지를 초토화해 뿌리를 뽑는 작전이었다. 촌락 하나쯤 주륙하는 것은 일도 아니어서, 일본군 스스로도 '무고한 양민에 대해서 크게 동정해 마지않은 점이 있다'고 기록할 정도였다.(조선주차군사령부, 「조선폭도토벌지」, 『독립운동사자료집』 3, p671-672)

영국 기자 매켄지와 의병들

영국『데일리메일』의 기자 프레더릭 매켄지F. Mckenzie(1869~1931)는 그 치열한 전투를 눈으로 목격했다. 나중에 3·1운동 때 수원 제암리교회 방화 살인 사건 또한 목격하고 기사를 썼던 이 저널리스트는 일본군과 의병 진영을 오가며 의병 활동상을 기록했다.

1905년 을사조약 직전, 미국이 독립을 지켜주리라 확신하는 고종 최측근 이용익에게 매켄지는 이렇게 충고한 적이 있다. "당신들이 자신을 보호하지 않는데 남이 보호해줄 까닭이 있는가."(프레더릭 매켄지, 『Korea's Fight for Freedom』, Fleming H. Revell Company, 1920, p78) 국가가 해주지 않는 그 독립과 자강自强을 이제 보니 의병들이 하고 있는 것이다.

프레더릭 매켄지(1869~1931)

경기도 양근(현 양평)에서 만난 의병들은 젊거나 어렸고, 의연했다. 그가 기록했다. '열여덟 살에서 스물여섯 살 정도. 병사 6명 가운데 5명은 총기 종류가 다 달랐다. 모두 쓸모없는 총이었다. 한 사람은 옛 조선군 화승총과 화승과 화약통을 들고 있었다. 알고 보니 이 화승총이 주력 무기였다. 두 사람은 조선군 라이플을, 한 사람은 미국에서는 할아버지가 열 살짜리 손주에게나 선물할 딱총을 가지고 있었다. 녹슨 중국제 피스톨도 보였다. 이런 무기로 몇 주째 일본군을 상대했다니!'(프레더릭 매켄지, 『The Tragedy of Korea』, E.P. Dutton&Co, 1908, p200-201) 그럼에도 이들은 죽음을 각오하고 일본군과 싸웠고, 그럼에도 이들은 패전했다.

열차를 타고 잇달아 대한제국에 진입한 일본군은 의병 근거지를 초토화했다. '눈앞에 잿더미로 변한 이촌Ichhon마을이 나타났다. 파괴는 철저하고 완벽

매켄지의 『The Tragedy of Korea(조선의 비극)』에 실린 양근 의병

1907년 9월 영국 『데일리메일』의 기자 프레데릭 매켄지는 경기도 양근에서 의병들을 만났다. 이들의 번뜩이는 눈빛과 미소는 동정심만 가득했던 이 외국 기자의 마음을 바꿔놓았다. [프레데릭 매켄지]

했다. 집은 단 한 채도 남아 있지 않았다. 벽체도 다 무너져 있었다. 솥은 다 깨져 있었다. 주민들 말로는 뒷산에서 전투가 벌어지고선 일본군이 마을로 내려와 "왜 활개치는 의병들을 놔뒀냐"며 다 태워버렸다는 것이다. 이후 며칠 동안 이런 풍경이 계속돼 감정도 무뎌졌다.'(프레더릭 매켄지, 『The Tragedy of Korea』, p185-187)

영국 기자와 13도 창의군의 만남

매켄지가 양근에서 만난 의병대는 일본과 각국 공사를 향해 포고문을 발표한 연합부대였다. 포고문은 이러했다. '무기가 곤궁해 적군과 싸울 수는 없다. 대신 우리는 외국 공사들에게 사악한 일본에 맞서 함께 싸우자고 제안한다.'(프레더릭 매켄지, 『The Tragedy of Korea』, p174)

이 포고문을 작성한 부대 이름은 '13도 창의군'이다. 조선 팔도에서 거병한 의병들 연합부대다. 총사령관 격인 창의 총대장은 이인영이었고, 총대장 휘하에서 연합부대를 이끈 야전사령관 군사장이 바로 왕산 허위였다. 을미사변 때 류인석부대와 함께 의병을 일으켰던 유생 이인영은 강원도 원주 의병장들의 권유로 원주에서 창의했다. 그때 부친 와병을 이유로 창의를 거부했던 이인영은 "하늘이 무너지고 땅이 뒤집히는 마당에 아버지 병환이 무슨 말인가"라는 반박에 대장 자리를 수락했다.(1909년 7월 28일 『대한매일신보』, '의병 총대장 이인영씨의 약사')

허위 또한 을미의병을 거병했다가 정계로 돌아간 사내였다. 그러다 정미년에 다시 강원도 등지에서 거병한 뒤 양근에서 연합군을 구성하고 이인영을 총대장으로 추대했다. 1만 병력 연합군 가운데 허위와 이인영부대의 규모가

이인영(1868~1909)

가장 컸다.

그런데 포수 신돌석이 이끄는 경상도부대와 하급 군인 출신 문태수가 지휘한 전라도부대는 13도 창의군에 불참했다. 초기 편제에는 들어 있었는데 최종 편제에는 제외돼 있다. 학계에서는 '일본군과 치열한 교전 탓에 기간 내 양평에 도착할 수 없었다'고 추정한다.(신용하, 『한국항일독립운동사연구』, 경인문화사, 2006, p16)

정미의병의 주력부대는 해산 군인과 포수부대였다. 매켄지는 이렇게 기록했다. '서울에서 80~90마일 동쪽 지역에서 첫 전투가 벌어졌다. 거기에는 호랑이 사냥꾼이 많았다. 총은 탄환을 한 번 장전하면 한 번밖에 격발이 되지 않았다. 그런데 사냥꾼들은 실패하는 법이 없었다. 호랑이한테 접근한 뒤 한 방으로 죽였다. 안 그러면 자기가 죽는다.'(프레더릭 매켄지, 『The Tragedy of Korea』, p170)

서울진공작전과 동대문전투

1908년 1월 28일, 음력으로는 1907년 12월 25일이었다. 이미 포고문을 통해 서울 진격을 예고한 13도 창의군은 양근에서 서울로 진격했다. '서울진공작전'이라 불리는 이 작전의 목표는 무력을 통한 수도 회복과 각국 공사관에 대한 국권 회복 호소였다.

1만 대군이 행군하는 모습은, 긴 뱀이 기어가는 장사진長蛇陣 그대로였다. (1909년 7월 30일 『대한매일신보』) 위풍당당했지만, 전술적으로는 적에게 모든 것을 노출한 패착이었다. 진영 간 소통이 되지 않아, 합류하기로 했던 다른 부대도 제시간에 도착하지 못했다. 피곤이 누적되고 탄약도 떨어진 상태에서, 창의군은 동대문 30리 밖에서 기다리고 있던 일본군과 교전을 벌였다.

창의군 병력은 1만 명이 넘었고, 진영이 갖춰지면 참으로 해볼 만한 싸움이었다. 대한제국 영토 안에서 벌어진 최후의, 최대의 무장투쟁은, 하지만 패배

매켄지의 『The Tragedy of Korea(조선의 비극)』에 실린 일본군 의병 토벌대

로 끝났다. 그때까지 도합 38차례 일본군과 교전을 했던 노련한 부대였지만, 중과부적이었고 예상된 패배였다. 퇴각한 연합군이 한숨을 돌리는데, 총사령관 이인영이 부대장들에게 이렇게 선언했다. "모든 중책을 허위에게 맡기고, 나는 귀향하노라."

총사령관 이인영의 귀향

1908년 1월 28일 고향 문경에서 아버지 부고訃告가 연합군 진영으로 날아온 것이다. 이에 이인영은 '남쪽을 향해 곡을 하고 장졸들에게 귀향하여 상을 마치겠다고 공포한 뒤 군 전체의 승인을 받지 않고 뒷날을 군사장 허위에게 부탁하고 떠났다.'(1909년 7월 31일『대한매일신보』)

후임 총대장 허위는 이후 흩어진 의병들을 규합해 1908년 4월 2차 서울진공작전을 계획했으나 체포돼 1909년 9월 경성감옥에서 순국했다. 심문 당시 배후를 묻는 일본 관리에게 허위는 이렇게 말했다. "이등박문이 의병 배후고 대장은 나다."

3년상을 위해 진영을 떠났던 이인영은 1909년 6월 충북 황간에 은신하다 체포됐다. 심문을 맡은 한국주차헌병대 대위 무라이 인켄村井因憲이 이인영에게 물었다.

"어째서 아버지 부고를 접하고 만사를 내던져버리고 귀향하였는가." 믿을 수 없다는 식으로 거듭된 질문에 이인영이 답했다.

"효도하지 않는 자는 금수와 같으며 금수는 폐하의 신하일 수 없다."(『통감부문서』 8, 1. 이인영 진술조서 (2)폭도거괴 이인영 조서 보고건, 1909년 6월 30일) 이 조서에는 이렇게 기록돼 있다.

무라이 인켄: 왜 아버지의 부고를 접하고 만사를 내던져버리고 귀향하였는가? 유자儒者로서 동양 도덕과 당신의 행위는 일치하지 않는 것이 아닌가?

이인영: 아버지는 돌아가신 뒤에는 재회할 수 없지만 임금은 다시 만날 수 있다. 어버이에게 효도하지 않는 자는 금수와 같으며 금수는 폐하의 신하일 수 없다. 불충에 해당한다.

무라이 인켄: 3년 상중에 한국이 멸망에 이르렀다면 어떠하였겠는가?

이인영: 어쩔 수 없는 일이다.

혼돈과 독립과 공동체

바야흐로 옛 세계관과 새 세계관이 복잡하고 난해하게 뒤섞여 있던 시대였다. 두 사람은 각각 대한민국으로부터 건국훈장 대한민국장(1등급)과 대통령장(2등급)을 받았다. 서울 청량리에서 동대문까지, 허위가 끝내 진군하지 못한 길에는 그의 이름이 붙어 있다.

조선 독립운동을 만방에 보도했던 영국기자 매켄지는 양근에서 조우한 의병에 대해 이렇게 기록했다.

'불쌍한 집단이었다. 사내들은 이미 절대 희망 없는 명분으로 전투를 벌이며 죽음을 예견하고 있었다. 그런데 눈빛을 번뜩이며 미소 짓는 병사를 보고 내 마음이 바뀌었다. 가련하다고? 아니었다. 최소한 그 미소와 눈빛은 애국심의 전형을 보여주고 있었다. "죽을지도 몰라요. 하지만 일본 노예로 사느니 자유인으로 죽는 게 낫지."'(프레더릭 매켄지, 『The Tragedy of Korea』, p201)

2014년 대한민국 정부는 조선 독립운동을 세계에 보도한 프레더릭 매켄지에게 건국훈장 독립장(4등급)을 추서했다.

1907년 9월 조선주차군 사령관 하세가와 요시미치는 '완고하게 깨닫지 못하고 비도에 투신하거나 또는 그것을 은피시키고 혹은 흉기를 숨기는 자는 가차없이 엄벌에 처할 뿐 아니라, 촌읍은 주륙誅戮을 가했다. 무고한 양민에 대하여서는 크게 동정해 마지않는 점이 있었다.'(조선주차군사령부, 「조선폭도토벌지」, 『독립운동사자료집』 3, p671-672) 일본군마저도 무리한 작전임을 인정한 의병 토벌작전이었다.

한 공동체가 다른 공동체의 안녕과 발전에 희생되는 시대에, 그 공동체의 많은 무리는 자유를 택하고 공동체를 택했다. 그 엄혹한 시대가 100년이 갓 넘은 20세기 초에 있었다. 지금 우리는 그로부터 불과 100년 뒤 미래에 산다. 땅의 역사

05 회오리바람처럼 산하를 들쑤셔 남도(南道)를 소탕하였다

남한 폭도 대토벌 작전과 시답잖은 친일파 신응희

'제천은 지도에서 사라졌다(Chee-chong had been wiped off the map). 한 달 전만 해도 분주하고 영화로웠을 도시에는 잿더미와 덜 꺼진 잉걸불만 보였다. 나는 잿더미를 뒤지고 있는 사람들에게 물었다. "가족들은 어디 있소?" 그들이 답했다. "(시신들은) 언덕 위에 눕혀 놓았소."'(프레더릭 매켄지, 『Korea's Fight for Freedom』, p195) 그랬다. 망가진 대한제국 백성에게 닥친 것은 철저한 파괴였다. 1907년 8월 제국 군대가 해산되고 의병이 일어났을 때, 일본제국 한국주차군이 택한 전략은 의병 및 의병 본거지 박멸 작전이었다. 영국 기자 매켄지는 이를 '도시가 사라졌다'고 표현했다. 국가로부터 보호받지 못한 백성이 스스로를 지키기 위해 총을 들었다가 절멸한 것이다.

남한 폭도 대토벌 작전의 서막

1909년은 그 박멸 작전이 극에 달했던 해였다. 일본군이 '폭도 토벌 작전'

이라고 칭했던 의병 토벌 작전은 이해 가을 '남한 폭도 대토벌 작전'이라는 이름으로 전남·북 의병에 집중해 이뤄졌다. 1909년 한국 남부 수비관구 사령관 와타나베 스이사이渡邊水哉가 통감부에 제출한 보고서에 따르면, 호남은 '다른 도에 비해 적세가 창궐한 지역'이었다. 그리고 이들은 '한 곳을 정벌하면 다른 곳으로 도망쳐 대병력으로 일거에 탕진하는 방책이 필요한' 곳이기도 했다. (『통감부문서』 9, 10. 남한 대토벌 실시 계획 기타 (3)남한 폭도 대토벌 실시 보고, 1909년 10월 27일)

그런데 호남 지역은 일본군에게 경외의 대상이기도 했다. '이들은 마치 임진왜란의 옛날을 몽상하여 일본인을 경시하는 풍조가 있기 때문에 단연 대토벌을 결행해 (일본) 황군皇軍의 용맹에 떨게 만들어 일본 역사상의 근본적인 명예 회복을 행하지 않을 수 없다.'(『통감부문서』 9, 10. 남한 대토벌 실시 계획 기타 (3)남한 폭도 대토벌 실시 보고, 1909년 10월 27일) 300년 전 전쟁에서 정복하지 못한 호남 땅에 대한 명예회복을 벼른 것이다.

기념 사진첩에 보인 역사적 토벌 의도

1910년 일본 사진가 야마모토 세이요山本誠陽가 비매품으로 제작한 '남한 폭도 대토벌 기념사진첩'에는 임진왜란 당시 전주성 관문인 완주 '만마관萬馬關'과 해남에 있는 이순신의 '통제사이충무공명량대첩비' 사진이 삽입돼 있다. 만마관 사진에는 '임진왜란 때 고전했던 만마관', 비석 사진에는 '명량해전의 이순신 송덕비'라고 적혀 있다.

그리고 남강변에 있는 경남 진주 촉석루 암벽 사진도 포함돼 있다. '一帶長江 千秋義烈·일대장강 천추의열' 여덟 자 암각을 촬영한 사진에는 '진주 촉석

鳴洋海戰ニ於ケル李舜臣ノ頌德碑

'남한폭도대토벌기념사진첩'에 실린 해남 충무공 이순신의 송덕비 '통제사이충무공명량대첩비'

루 아래 암벽'이라는 설명이 붙어 있다. 진주성은 1592년과 1593년 두 차례 한일 격전이 벌어진 현장이었다. 1차전은 김시민 목사와 관군, 진주성민이 대승을 거뒀고 2차전은 조선 민관군이 전멸했다. '한 줄기 큰 강이 흐르듯 의열은 영원하다'는 위 여덟 글자는 이 2차전 희생자들을 기리는 글이다.

자기네가 고전했던 만마관, 자기네를 궤멸했던 적장 흔적과 대승의 흔적을 기념 사진첩에 삽입한 이유가 어렴풋이 짐작이 간다. 소위 '남한 폭도 대토벌

'남한폭도대토벌기념사진첩'에 실린 진주 촉석루 암벽. 임진왜란 발발 1년 뒤인 1593년 일본군이 2차 진주성전투에서 조선군에 승리한 흔적이다.

작전'은 일본군에는 대한제국을 완벽하게 식민화하려는 작전인 동시에 역사적인 임무였다.

소용돌이치듯, 토끼 몰듯

토벌에는 '교반적攪拌的(물을 소용돌이처럼 휘젓는) 방법을 쓰기도 하였다. 토벌군을 세분해 소규모 지역을 전후좌우로 왕복 수색하고, 기병奇兵적 수단(비정규전 전술)을 써서 폭도로 하여금 우리 행동을 엿볼 틈을 주지 않는 동시에, 해상에서도 수뢰정, 경비선 및 소수부대로 연안 도서 등으로 도피하는 폭도에 대비했다.'(조선주차군사령부, 「조선폭도토벌지」, 『독립운동사자료집』 3, p792)

말 그대로 토끼몰이 하듯 사방으로 의병들을 거듭 몰아서 퇴로를 완전 차단해 죽거나 자수하거나 둘 중 하나를 택할 수밖에 없는 상황을 만들겠다는 것이다. 일본군은 2개 연대 총 2260명을 투입해 의병부대를 몰아 해안가까지 이들을 쫓았다. 해안에는 수뢰함 4척이 대기하고 있었다. 의병이 산중과 마을을 오가며 불시 게릴라전을 펼치자 일본군은 '군화를 버리고 (쉽게 신고 벗을 수 있는) 짚신과 버선을 신고서' 맞서기도 했다.(『통감부문서』 9, 10. 남한 대토벌 실시 계획 기타 (3)남한 폭도 대토벌 실시 보고, 1909년 10월 27일)

전남 광양 출신의 지식인 매천 황현에 따르면, 일본군은 '북으로는 금산, 김제, 만금, 동으로는 진주, 하동, 남으로는 목포에서부터 그물 치듯 사방을 포위했다. 순사들이 촌락을 샅샅이 수색하고 가택마다 조사해 조금만 의심이 나면 즉시 주민을 살해하므로 이때부터 행인 종적이 끊기고 이웃 마을까지도 왕래를 하지 않았다. 의병은 삼삼오오 사방으로 도주했으나 숨을 만한 곳이 없는 탓에 힘이 강한 사람은 싸우다 죽고 약한 사람들은 땅을 기면서 애걸하다가 칼에 맞아 죽었다. 의병들은 점차 육지가 끝나는 강진, 해남까지 쫓기게 되었다.'(황현, 『매천야록』 권6, ③ 16. 일병의 호남 의병 토벌, 1909)

의병 토벌에 앞장선 전남도 관찰사 신응희

호남 의병은 해산된 대한제국 군대와 무관했다. 대신 이들은 출신 지역을 중심으로 확고한 지지 기반을 가지고 있었다. 그래서 일본군은 '밤낮으로 분투했지만 폭도에 동정을 보내고 정황을 숨기는 지방민으로 작전에 큰 곤란을 겪었다.'(홍순권, 『한말 호남지역 의병 운동사 연구』, 서울대학교 출판부, 1994, p148) 의병과 정체성을 공유한 이 백성들을 일본군은 '완민頑民(새 통치를 따르지 않는 백성)'이라고 불렀다.(『통감부문서』 9, 10. 남한 대토벌 실시 계획 기타 (3)남한 폭도 대토벌 실시 보고, 1909년 10월 27일)

그런데 위 통감부 문서에는 '크게 감사해 마지않는 한국 관헌'이 등장한다. 작전 당시 전남도 관찰사 신응희申應熙다. 신응희는 '폭도 절멸絶滅에 열중해 군간부와 함께 적세가 가장 창궐한 지역을 순시해 관리들을 경고, 독려하고 민중을 훈유하는 등 백방으로 수단을 강구한' 자였다. 보고서는 '토벌에서 얻은 공적은 한국 관헌이 참여해 힘이 컸던 사실을 특히 보고하는 바임'이라고 명기했다.

1917년 도쿄 '조선공론사'가 펴낸 『인물평론 진짜냐 가짜냐(人物評論 眞物? 贋物?)』에는 신응희에 대한 인물평이 이렇게 적혀 있다.

'백성에게 털끝만 한 위엄이라도 실추하지 않는 것만을 염려함. 부하를 대하는 데 아주 엄하지만 윗사람을 맞이할 때는 아첨을 하고 허리를 굽실거리기에 정신이 없음. 항상 일본 옷을 입으며, 낯선 사람이 우연히 방문하면 그가 조선 사람이라는 것을 알지 못할 정도임.'(번역 국사편찬위)

신응희는 갑신정변(1884)에 가담하고 일본으로 망명했던 개화파였다. 그런데 1895년 왕비 민씨 살해사건 행동대원으로 활동하고 또 망명한 뒤 귀국해 1907년 8월 군대 해산을 지휘하고 병합 후 전남도 관찰사가 된('한국민족문화대백과사전'), 나침반도 안테나도 고장 난 인물이었다.

'남한폭도대토벌기념사진첩'에 실린 의병들의 무기. 화승총, 농기구 가래와 쇠스랑이 눈에 띈다.

토벌작전 기념사진첩에는 의병들의 무기 사진이 실려 있다. 화승총과 흙 퍼내는 가래와 밭 일구는 쇠스랑. 조악한 병기로 무장한 의병과 완민은 '진압에 극력 힘을 다한' 저 시답잖은 무도배들과 소용돌이치듯 달려드는 일본군 앞에 궤멸되고 말았다.

운명을 응시하는 사내들과 폭도도로(暴徒道路)

석 달에 걸친 토벌 작전 끝에 숱한 의병들이 전사하거나 처형됐다. 1909년 11월부터 1910년 8월 사이 통감부가 만든 '통감부래문統監府來文'에는 그 기간 사형이 집행된 128인 행적이 기록돼 있다. 2017년 의병연구소장 이태룡(현 인천대 독립운동사연구소 소장)이 규장각에서 발굴해 국역한 문건(『통감부래안統監府來案』, 순국선열유족회, 2017)이다. 이태룡은 이 문건에 수록된 128

명 가운데 108명을 의병으로 추정했다. 사법권이 일본으로 넘어가기 전이었지만 통감 소네 아라스케는 임의로 사형을 집행한 후 대한제국 내각총리대신 이완용에게 통보했다.

그 처형된 사내들이 사진 속에 모여 있다. 일본군은 '기념사진첩' 앞쪽에 이 사진을 걸어놓았다. 황두일, 김원국, 양진여, 심남일, 조규문, 안계홍, 김병철, 강사문, 박사화, 나성화(윗줄 왼쪽부터), 송병운, 오성술, 이강산, 모천년, 강무경, 이영준. 1909년 어느 겨울날 광주지방재판소 혹은 광주 감옥에서 촬영한 사진이다. 촬영 몇 달 뒤 일부는 징역형을 받고 대부분 처형됐다.

1909년 일본은 호남지역 의병 토벌을 위해 '남한폭도대토벌작전'을 실시했다. 사진첩 '남한폭도대토벌기념사진첩'에 실린 사진은 1909년 겨울 광주감옥(혹은 광주지방재판소)에서 촬영한 의병들이다. [국사편찬위]

유생 출신 의병장 심남일(왼쪽)과 머슴 출신 의병장 안계홍(오른쪽)

일본군에 따르면 이 가운데 '폭도 거괴巨魁 심남일, 강무경, 안계홍, 임창모 등은 엄히 부하의 비행을 계칙하여 약탈을 금하고 오로지 일본의 대한 정책 실패를 초래해 한국 독립을 안고安固하려는 망상가들'이었다.(『통감부문서』9, 10. 남한 대토벌 실시 계획 기타 (3)남한 폭도 대토벌 실시 보고, 1909년 10월 27일) 적의 눈으로도 참으로 의로운 지휘관들이었다는 뜻이다. 신분과 직업은 유생(심남일)에서 주막집(양진여), 머슴(안계홍)까지 다양했다. 지방 유지인 유생 임창모는 머슴 대장 안계홍의 참모였다.(홍순권, 앞 논문, 서울대학교 출판부, 1994, p253)

기록되지 않은 수많은 의병들은 체포된 후 국도 공사에 동원됐다. '해남~강진~장흥~보성~낙안~순천~광양'을 연결하는 이 도로를 사람들은 '폭도

도로暴徒道路'라고 불렀다.(목포지편찬회, 『목포지木浦誌』(1914), 경인문화사, 2000, p249-250)

국가는 만신창이滿身瘡痍, 고름과 상처투성이였다. 어떤 이는 그 고름투성이 땅에 모든 걸 내던졌다. 어떤 시답잖은 이는 그들을 불구덩이로 몰아넣었다. 그들, 망국 직전 이 땅을 밟고 서 있던 군상群像의 두 극단.

06 최익현의 유해가 돌아오자 '아사순국(餓死殉國)' 신화가 만들어졌다

위정척사파의 태두 최익현의 만들어진 신화

면암 최익현(1834~1907) [국립중앙박물관]

면암 최익현은 1834년 1월 14일 경기도 포천에서 태어나 1907년 1월 1일 일본 대마도에서 죽었다. 그 사이에 최익현은 상소를 통해 대원군을 끌어내리고 고종의 친정을 이끌었다. 각종 위정척사 상소를 통해 나라 문을 닫고 일본의 침략 야욕을 경계하라고 주장했다. 1905년 을사조약이 체결됐을 때 이를 반대하는 상소를 올리고 의병을 일으켰다가 일본군에 체포돼 대마도로 끌려갔다. 그곳에서 죽었다. 그 공로로 해방 후 최익현은 건국훈장 대한민국장을 추서받았다. 최익현은 지금 충남 예산에 잠들어 있다. 많은 인물들이 공동체를 위해 목숨을 바쳤다. 경로와 명분은 다양했으나 순국이라는 결과는 동일했다. 그런데 한 인물에 대한 평가는 입체적이어야 하고 사실史實에 맞아야 한다. 이 글은 최익현의 일생에 대한 이야기다.

킹메이커 최익현

고종이 즉위하고 10년이 된 1873년 음력 11월 3일(양력 12월 22일) 호조참판 최익현이 사표와 함께 작심 상소를 올렸다. 열두 살에 즉위한 고종에게 아버지 대원군이 가지고 있던 권력을 회수하라는 요구였다. 이미 여러 차례 올린 상소에 나온 내용이었지만, 이번 상소는 수위가 높았다.

'(명나라 황제의 사당인 만동묘와 서원 철폐, 노론의 정적인 남인들에게 시호를 내리려 하고 청나라 돈인 청전淸錢을 유통시킨) 몇 가지 문제는 전하께서 어려서 아직 정사를 도맡아보지 않고 계시던 시기에 생긴 일이니, 새롭게 정사를 총괄하면서 정리하시라.'(1873년 11월 3일 『고종실록』)

"명나라가 서원을 두 번 철폐했는데 그에 따라 왕실이 뒤집혔다"는 내용도 들어 있었다. 7년 전인 1866년 조대비가 수렴청정을 거둔 이래 흥선대원군이 시행한 모든 정책을 부정하라는 상소였다. 이를 시행하지 않으면 왕실이 뒤집힌다는 경고도 함께였다.

바로 다음 날 밤 고종은 벌떼처럼 궁중으로 몰려든 친 대원군 대신들에게 친정을 전격 선언했다. 이로써 스물한 살 먹은 고종의 시대가 열렸다. 권력 기반은 노론과 척족 민씨 세력이었다. 고종 시대는 그렇게 마흔 살 먹은 차관(참판) 최익현이 열었다. 최익현은 킹메이커였다.

위정척사의 선봉에서

1876년 1월 조선이 일본과 강화도조약 협상 와중에 최익현은 도끼를 들고 궁궐 앞에서 상소를 올렸다.

'화친은 사학邪學의 지름길이며 기자箕子의 오랜 나라가 오랑캐에 빠지게 되는 것이니 순조와 헌종 때 서양인들을 주륙했듯 계책을 세우시라.'(1876년 1월 23일『고종실록』)

사학邪學은 천주교를 포함한 비非성리학적 학문 일체를 뜻했다.

나흘 뒤 고종이 명을 내렸다. '최익현은 임금을 속이고 핍박하는 말을 만들어 방자하게 지적하여 규탄하였다. 한 가닥 남은 목숨을 용서하여 흑산도로 유배 보내되, 사흘 길을 하루 만에 걷게 만들라.' 3년 전 자신을 왕으로 만들어 준 사람이었지만 왕명 거역은 있을 수 없었다. 1월 30일 흑산도에 유배된 최익현은 4년 동안 가시덤불 가득한 집에 갇혔다. 위리안치圍籬安置라고 한다.

하지만 최익현은 만만한 사람이 아니었다. 최익현은 흑산도 곳곳을 유람하며 흔적을 남겼다. 1878년 4월 친구들과 함께 천촌淺村이라는 마을을 찾았다. 그가 말했다. "섬 바깥에서는 풍속이 퇴폐해졌으나 이곳 사람들은 명나라 관을 쓰고 공자, 맹자가 아니면 읽지 않으니 진실로 존숭할 만하구나.” 그러고 마을 바위에 글을 새겼다. ‘箕封江山 洪武日月·기봉강산 홍무일월’ ‘기자가 봉한 땅이요 명나라 첫 황제 주원장의 세월’이라는 뜻이다. 바위에는 주자가 쓴 시에 나오는 ‘지장指掌’이라는 이름을 붙였다.(최익현, 『면암선생문집』 20, 「지장암기指掌嵒記」) 최익현은 1879년 2월 9일 유배에서 풀려나 고향으로 돌아갔다.

때는 19세기 후반, 한 번도 겪어보지 못한 격변의 시대였다. 갑돌이는 이런 계책을 논하고 병순이는 저런 계책을 논하며 나라를 걱정했다. 누군가는 철저한 쇄국을 해결책으로 삼았고, 누군가는 개방을 내세웠다. 최익현을 포함한 위정척사파는 쇄국을 주장했다. 체제를 파괴하는 삿된 학문을 배격하고 바른 학문인 성리학을 수호하기 위한 최선이라 여겼다. 그들에게 ‘기자가 봉한 땅과 주원장이 세운 세월’은 벗어나면 큰일이 날 프레임이었다.

다시 등장한 최익현과 투쟁가

임오군란(1882), 갑신정변(1884)과 동학농민혁명과 청일전쟁(1894)이 조선을 뒤흔들었다. 그런데 최익현은 침묵을 지켰다. 1894년 7월 갑오개혁 시대 고종이 최익현을 공조판서로 임명했다.(1894년 7월 1일 『고종실록』) 집에서 임명 소식을 받은 최익현은 “김홍집과 일본 공사 오토리 게이스케가 명을 조작한 것”이라며 거부했다.

그리고 1895년 10월 왕비 민씨가 일본인에게 살해됐다. 전국에서 의병이 일어났다. 고종은 최익현을 민심을 안정시키는 선유대원에 임명했다. 최익현이 사표를 던지며 붓을 든다. “원수를 갚겠다는 의병을 내가 어찌 선유하겠는가.”(1896년 2월 25일 『고종실록』)

1905년 2월 최익현은 경기관찰사에 임명됐다. 그는 "나라를 파는 무리를 처벌하라"며 사직했다. 최익현은 일본군에 체포됐다 석방됐다. 11월 을사조약이 체결됐다. 최익현은 "폐하께서는 명나라가 망할 때 의종이 사직을 위해 죽은 의리를 듣지 못하셨는가?"라고 상소를 올렸다. 막말로 "나가 죽으라"는 이 상소에 대해 고종은 "헤아릴 일이 있다"고만 답했다.(1905년 11월 29일 『고종실록』)

의병장 최익현

1906년 1월 19일 최익현은 논산 궐리사에서 집단 상소를 결의했다. 그리고 3월 15일 그때 살던 충남 청양 정산에서 거병을 결의하고 호남으로 출발했다. 그가 말했다. "내 나이 80에 가깝지만 사생死生은 깊이 생각할 것이 아니다."(『면암선생문집』 부록 4, 「연보」) 6월 14일 최익현은 제자 무리와 함께 전북 태인 무성서원에서 거병하고 일본의 16가지 죄목을 적은 문서를 작성한 뒤 순창으로 행군했다. 순창에서 관군에 포위되자 "민족끼리 전투는 불가하다"고 선언했다. 무리들이 흩어지고 최익현은 남은 제자 21명과 의관을 정제하고 앉아 『맹자』를 읽다가 체포됐다.(『면암선생문집』 부록 4, 「연보」) 그리고 3년 금고형을 선고받고 대마도에 끌려가 죽었다. 이제 최익현의 신화가 탄생한다.

대마도에 유폐된 최익현

충남 예산 광시면에는 최익현 묘가 있다. 묘 앞에는 그를 기리는 '춘추대의비'가 서 있다. 1972년에 세운 비석이다. 이렇게 적혀 있다. '산 몸으로 적이 주는 한 알의 쌀과 한 모금의 물마저 물리치고 74세 일기를 들어 아사순국餓死殉國으로'. 대마도에서 일본군이 주는 음식을 거부하고 단식하다가 순국했다는 뜻이다. 끌려간 날은 8월 27일이었고 죽은 날은 1907년 1월 1일이었다. 70 노인이 자그마치 4개월 넘도록 단식 끝에 죽었으니, 조선인에게는 우국충정과 반일 투사의 극단적 상징이었으리라.

그런데 사실은 다르다. 함께 대마도에 갇혔던 제자 임병찬의 『대마도일기』에는 이렇게 적혀 있다.

'일본군 대대장이 통역을 통해 관을 벗고 경례를 하라고 했다. 선생이 벗지 않으니 일본인이 다시 말했다. "일본이 주는 밥을 먹으니 일본 법을 거역하지 말라." 병정이 칼로 찌르려 하자 선생이 나와서 꾸짖었다. "이놈, 어서 찔러라." 이에 선생은 "밥을 먹지 않고 자결自決하게 되었으니 이 역시 운수로다"라 말하며 나를 시켜 황제에게 아사 순국하겠다는 상소를 적어 내렸다. 그런데 대대장이 와서는 "통역이 잘못 전했으니 안심하고 밥을 먹고 나라를 위해 몸을 조심하시라"고 전했다. 이를 선생에게 전하니 죽을 드셨다. 우리 모두 밥을 먹었다. 단식은 사흘 만에 끝났다. 12월 4일 선생이 풍토병을 얻었다. 아들과 의사가 건너와 병구완을 했다. 선생은 끝내 돌아가셨다. 1907년 1월 1일이다.'
(임병찬, 「대마도일기」, 『독립운동사자료집』 2)

제자들이 만들어낸 최익현

1907년 1월 5일 최익현 유해를 태운 배가 부산에 도착했다. 수천 군중이 운집한 가운데 제자들이 소리쳤다. "이 배는 대한의 배요, 이 땅은 대한의 땅입니다!" 관棺은 군중을 뚫고 하루 짧게는 10리씩 길게는 30리씩 겨우 움직여 보름 만에 청양 정산 본가에 도착했다.

1907년 1월 14일자 『황성신문』은 '고 찬정 최익현씨를 조상함(吊故贊政崔益鉉氏·조고찬정최익현씨)'라는 사설을 썼다. 제목과 달리 내용은 매정했다. '최면암은 구래 학설을 베낀 것이 아닌 것이 없고(罔非勦襲於舊來之學說·망비초습어구래지학설) 세상은 변했으나 혼자 변하지 않은 사람(時變而我不變者·시변이아불변자)이었도다.'

그런데 반전이 일어났다. 1907년 4월 25일 제자 임병찬이 고종에게 뒤늦게 올린 스승의 상소문이 『대한매일신보』에 실렸다. 전문을 인용한 이 기사는 '삼가 스스로 목숨을 끊으면서 아뢴다(謹自盡以聞·근자진이문: 여기에서 '聞'

'고 찬정 최익현씨를 조상함'이라는 1907년 1월 14일자 『황성신문』. '세상은 변해도 혼자 변하지 않은 사람'이라는 평이 적혀 있다. [국립중앙도서관]

(二) (第三種郵便物認可) 大韓光武十一年一月十四日月曜 皇城新聞 陰曆丙午

論說

弔故贊政崔益鉉氏

◎十數年後義兵魁로日憲兵部에押因ᄒᆞᆫ崔益鉉氏가十數年前持斧伏闕ᄒᆞ던崔益鉉氏오七十年後故國魂으로日本對馬島에身故ᄒᆞᆫ崔益鉉氏가七十年林下讀書ᄒᆞᆫ崔益鉉氏니少亦崔益鉉氏며老亦崔益鉉氏오生亦崔益鉉氏며死亦崔益鉉氏로다

今且毋論崔氏之成敗ᄒᆞ며毋說崔氏之功過ᄒᆞ고但問崔氏之心事ᄒᆞ리니彼其憔悴衰顔으로渡海而東去者ㅣ是豈崔贊政之自家計耶며凄凉籤露로生往而死歸者ㅣ是果崔勉菴之一身事耶아嗚呼라若道崔益鉉氏가是有全軀保妻子之心者라ᄒᆞ면不唯崔公之靈이含笑不荅於冥冥之中이라抑亦世界公評에斷斷不許者니라

然則崔氏ᄂᆞᆫ果何如人고是忠臣歟아是迂儒歟아是義士歟아是頑生歟아一片丹靑에何以畵崔氏之靈臺오曰我未登崔氏之堂ᄒᆞ야一接其咳唾ᄒᆞ고我未承崔氏之顔ᄒᆞ야一問其懷抱이나今接崔氏一生之歷史ᄒᆞ야斷然下一評ᄒᆞ노니盖崔氏ᄂᆞᆫ不顧毁譽ᄒᆞ며不計成敗ᄒᆞ고毅然行其主義而不變者也니라

使崔氏而果有一定之主義ᄒᆞ야守死而不變인된其眼光魂力이果足以貫徹古今乎며其名譽氣節이果足以輕重將來乎아請問其執行之主義가果安在오盖論崔氏之性質컨된非五百年以後之人也라乃五百年以前之人也오非二十世紀以下之人也라乃二之義也라癖瘵尤菴에慨北伐之未遂ᄒᆞ고讀望程朱에思道統之可繼ᄒᆞ야政治風俗은動慕三代ᄒᆞ고尊攘征伐은必稱春秋ᄒᆞ니至於崔氏平居에居心處事之如何ᄒᆞ야ᄂᆞᆫ吾所未悉이어니와若其師友之間에言論文字之往來에야其主執之義가豈有出於此數者哉아是故로春秋之義에尊華而攘夷라ᄒᆞ야有丙子伏闕之疏ᄒᆞ니寧復問時宜之變遷이며曰君子之道ᄂᆞᆫ難進而易退라ᄒᆞ야有畎畝歸耕之擧ᄒᆞ니寧復知國政之得失이며 天恩이重疊에暮年復出은實維據先正先儒의事君之正禮니寧復計時艱之濟否며國恥가方深에一鼓倡義ᄂᆞᆫ亦只遵壬辰丙子에義兵之故事이니寧復論來頭之成敗리오盖崔勉菴之平生行事가罔非勦襲於舊來之學說ᄒᆞ며膳於古人之陳案ᄒᆞ고以其峭直之天性으로執一定之主義ᄒᆞ야時變而我不變者로다

嗚呼라若崔氏者ᄂᆞᆫ無論其力量氣魄之如何ᄒᆞ고其聲望氣節이固不亦舊社會中之一人物耶아吾嘗聞之호니凡各國改革之始에其千百年凝結之習俗을固猝難一朝打破故로舊人物은爲舊社會流血ᄒᆞ고新人物은爲新社會流血ᄒᆞ야高潮劇烈에兩相接觸ᄒᆞ다가乃有眞是眞非가判焉ᄒᆞ고眞是眞非가判焉而維新之事業이乃定ᄒᆞ나니卽以最近之日本으로도徵之라도攘夷義士와維新豪傑이一棒一劍으로肉搏不已ᄒᆞ야此勝彼退에國是가始定ᄒᆞ니盖其爲舊而死者도非爲舊也라是爲國也오爲新而死者도非

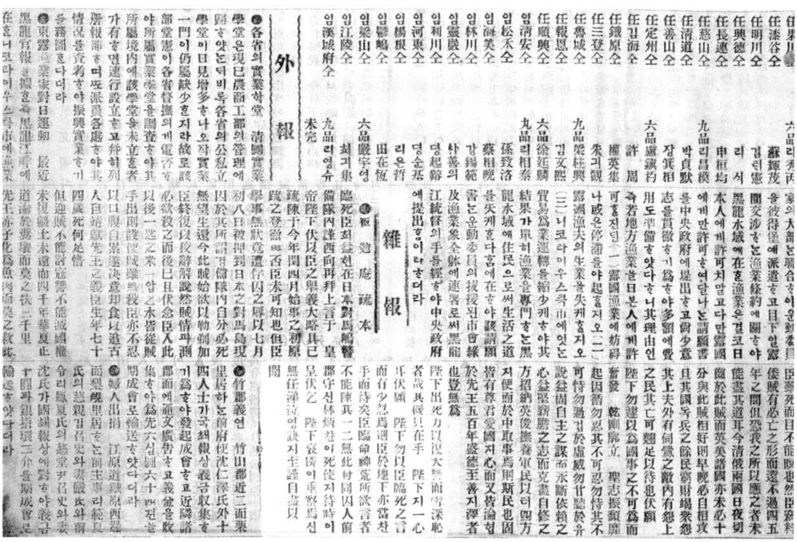

1907년 4월 25일자 『대한매일신보』. 제자 임병찬이 고종에게 올린 최익현의 상소문이다. '삼가 스스로 목숨을 끊으면서 아뢴다'라고 적혀 있다. [국립중앙도서관]

은 '아뢴다'는 뜻이다)'는 상소문 끝 문장으로 끝났다. 원래 임병찬은 이 상소와 함께 '스승께서 사흘 만에 단식을 푼 이유'를 적은 본인 상소문도 올렸는데, 이 상소문은 신문에 실리지 않았다. 『대한매일신보』가 왜 이 제자 상소를 싣지 않았는지 이유는 모른다.

이 불충분한 보도로 최익현은 나이 일흔넷에 적지에 끌려가 무려 넉 달 동안 단식투쟁 끝에 순국한 신화적 선비가 되었다. 구시대 인물이라는 『황성신문』의 평가는 사라지고 최익현은 '대마도에서 백이, 숙제처럼 죽은 최면암씨'(1908년 3월 20일 『대한매일신보』) 같은 신화적 존재가 되었다. 후손과 제자가 만든 그 문집은 통감부와 총독부로부터 압수 대상이 됐다.(1909년 7월

충남 예산 광시면에 있는 면암 최익현 묘소.

7일 『황성신문』 등) 의도되지 않은 오보誤報가 만든 신화였지만, 최익현은 오래도록 조선사람들의 구심점이 됐다.

예산에 있는 면암 묘소

최익현이 처음 묻힌 곳은 거병 결의를 밝힌 논산 노성면 지경리(옛 노성군 월오동면 지경리) 궐리사 부근 무동산 기슭이었다.(『면암선생문집』 부록 4, 「연보」, 1907년 5월 12일) 궐리사는 조선 후기 노론의 본거지였다. 그의 제자들이 충남 연기를 비롯해 여러 곳에 장지를 살폈지만 최종 장지는 궐리사 옆이었다. 그런데 지금 무덤은 예산 광시면에 있다.

왜 예산으로 이장했는지 기록은 없다. 많은 사람들은 "참배객을 막기 위해 일제가 강제 이장했다"고 알고 있다. 그런데 무동산에 묘를 쓰고 열흘 뒤 『대한매일신보』에 박영직이라는 노성면 주민이 이런 광고를 실었다.

'최선생 묘를 허락 없이 우리 집 선산에 썼기로, 이미 장사를 치러 큰 낭패를 보겠기에 선생의 충절에 어렵게 허락했으나 7개월 연한으로 반드시 이장하라.'

이장의 이유가 강압인지 허락 없이 묘를 쓴 이 산송山訟 때문인지는 모르겠으나, 면암은 지금 예산 광시면에 잠들어 있다. 광시면은 대마도에 함께 구금됐던 홍주 의병들의 거병지였다.

그렇게 한 시대가 끝나고 있었다. 페이스북 벗 'Bakin Kang'의 글로 맺는다. '서양에서 400년 동안 여러 세대에 걸쳐 진행된 일들이 우리의 100년 안

최익현 묘소 앞 '춘추대의비' 비문 부분. '餓死殉國(아사순국)'이라는 문구는 역사적 사실과 다르니 바로잡아야 한다.

에 모두 들어 있다. 전제군주에게 충성하는 구한말 정서, 일제에 목숨 걸고 항거하는 독립군 정서, 농업 사회 대가족 제도에 느끼는 향수, 산업사회를 넘어 4차 산업혁명으로 가야 하는 성급함. 이 혼합된 속에서 힘겹게 살아가야 하는 사회가 한 개의 정리된 모습을 보이는 것은 가능해 보이지 않는다.' 지금도 그

때도 참으로 혼돈이었다. 그 혼돈 속에 면암 최익현이 살았다. 그리고 그 혼돈이 사실과 거리가 먼 신화를 창조해냈고. [땅의 역사]

충남 예산 최익현 묘소 앞에 서 있는 '춘추대의비'. 비문에는 그가 대마도에서 '아사순국'했다고 적혀 있지만 사실과 다르다.

07 창자가 바뀌고 사상이 바뀌어 전날의 내가 아닙니다

불꽃처럼 살아간 혁신유림 1 : 류인식(柳寅植)과 협동학교(協東學校)

의성 김씨 집성촌인 경북 안동 내앞마을에 '백하구려白下舊廬'라는 집이 있다. '백하白下 김대락이 살던 옛집'이라는 뜻이다. 사랑채 앞 화단에 바윗돌이 하나 있는데, 김대락의 종증손인 김시중(2021년 현재 84세)은 "귀신 나오는 바위"라고 했다. 그것도 의병한테 총 맞고 칼 맞아 죽은 귀신. 이 귀신 이야기 주인공은 청나라 사람 양계초梁啓超와 단재 신채호와 동산 류인식과 집주인 김대락과 김동삼과 석주 이상룡이다. 20세기 초 아수라장이 된 나라를 위해 생명과 재산을 바친 안동 혁신유림革新儒林의 이야기.

시대의 금서『음빙실문집(飮氷室文集)』

조선이 문호를 막 개방하려던 1870년대 조선 지식인들은 청나라 사람 위원이 쓴『해국도지海國圖志』에 큰 충격을 받았다. 세상은 황제국 청과 조선과 기타 오랑캐가 사는 수직적인 천하天下인 줄 알았는데, 그 책에는 오랑캐가 아

경상북도 안동 임하면 내앞마을에는 '백하구려'가 있다. 독립운동가 백하 김대락이 살던 옛 집이다. 사랑채 앞에는 바위 하나가 서 있다. 신학문을 반대한 척사파 의병이 난입해 교사와 학생을 살해한 자리다.

닌 '막강한 서양西洋'이 있고 정글 같은 수평적 '세계世界'가 있다고 적혀 있었다. 성리학적 질서로는 설명이 되지 않는 신세계였다.

청과 일본 지도자들은 이 책을 통해 자강自强과 개화開化로 방향을 바꿨다. 조선에서는 개화파 시조 박규수와 김옥균, 유길준 같은 제자들이 개화를 꿈꿨다. 세월은 막 흘러갔고 청은 자강에 실패했고 조선 또한 자강에 대실패했다. 자강론자였던 청나라 학자 강유위康有爲의 제자 양계초가 그 실패를 징비하며 쓴 책이 자기 호를 딴 『음빙실문집』(1903)이다.

책은 신랄하고 정교했다. '나라를 망가뜨리는 새로운 방법'에 대한 「멸국신법론滅國新法論」, '근대 시민사회 자유와 평등'을 설명한 「신민설新民說」, '강병'을 논한 「논상무論尙武」와 '방관자를 꾸짖는 글'인 「가방관자문呵傍觀者文」. '…열강은 날마다 전쟁을 멈추자고 하면서 한편으로는 군비 확장을 안건으로 꾸민다. 문약한 구습을 바꾸지 않는다면 호랑이 무리 사이에 야윈 양을 세워놓는 셈이니 어찌 통째로 잡아먹히는 것을 면하겠는가!'(「논상무」) 공맹의 도덕률이 아니라 약육강식 법칙이 세상을 지배하는 법규라는 주장이었다.

『음빙실문집』은 곧바로 조선 개화파 지식사회로 전파됐다. 신채호도 『음빙실문집』을 읽었고 안창호도 『음빙실문집』을 읽었고 훗날 만해 한용운도 『음빙실문집』을 읽었다. 1910년 나라가 망하고 석 달 뒤 조선총독부는 '신문지법'에 의거해 '안녕과 질서를 해치는 금서禁書' 51권을 공포했는데, 그 가운데 『음빙실문집』이 들어 있었다.(1910년 11월 19일 『조선총독부관보』)

창자까지 바뀐 류인식과 혁신유림

안동에 살던 류인식(1865~1928)은 완고한 성리학자였다. 퇴계학파인 척암 김도화 제자로 1896년 단발령에 반대해 일어난 의병에 참가한 위정척사파 선비였다. 류인식에게 신문물은 악惡이었다. 영남에 살던 양반들은 대부분 그랬다. 오죽하면 『황성신문』은 영남을 일러 '옛것을 지키려는 성질이 편벽, 고루함으로 변한 조선 최고의 완고한 사람들'이라고 했을까.(1908년 9월 24일 『황성신문』, '교남嶠南의 일뢰一雷')

1903년 그 편벽한 류인식이 서울로 올라가 단재 신채호를 만났다. 신채호는 "고루한 영남도 서학西學, 즉 신학문을 배워야 한다"고 했다. 류인식은 거부했다. 그러자 신채호는 그에게 "나를 못 믿겠다고 하시니 이 책을 한번 보시라"며 '신서新書(새로운 책)' 몇 권을 주었다.

훗날 그가 스승인 김도화에게 편지를 쓴다.

'책을 읽으니 전 지구상 바람과 말이 미치지 못했던 것들이 형형색색으로 눈을 휘둥그레 하게 만들고 정신을 아찔하게 하여 형언할 수가 없었습니다. 얼마 안 있어 러일전쟁이 발발하여 포연砲煙과 비 오듯 떨어지는 총탄이 고집스러운 꿈을 강타하니 오직 새로워져야 한다는 의지가 생겨나면서 사상이 일변함을 깨달았습니다. 창자와 배(마음)가 바뀌어(腸肚換矣·장두환의) 전날의 나로 돌아갈 수 없습니다(非復前日之寅植·비복전일지인식).'(류인식, 『동산전집』, 「상김척암선생上金拓庵先生(척암 김선생께 올리다)」, 1908)

철갑선이 조선 바다를 점령하는 판국에, 무기도 전술도 대중적 조직도 없이 충만한 기개만으로는 새 세상을 맞을 수 없다는 대각성이었다. 뒷날 류인식이 쓴 '학범學範'에는 "양계초의 저작을 취하여 썼다"고 적혀 있으니, 신채호가 준 『신서』 또한 조선 지식인계를 강타한 『음빙실문집』일 가능성이 크다. 그렇게 류인식은 성리학과 결별하고 신학문에 발을 디뎠다.

신채호와 교류하며 대각성을 한 안동 혁신유
림 동산 류인식 [경북독립운동기념관]

류인식은 "민권 신장과 민지民智(민중의 지식 수준) 개발만이 국세를 만회하고 민족을 보존하는 길"이라며 교육입국을 선언하고 스스로 삭발하고 양복을 입었다. 전향한 이 척사파는 아버지 류필영으로부터 절연당했다. 스승 김도화로부터 파문당했다. 류인식은 굽히지 않았다. 정중하되 날카롭게, 그가 스승을 이리 비판했다. "머리칼이 중하다면 몸 또한 중한데, 지금 몸이 없어지려 하는 판에 한 줌 머리칼로 호들갑을 떨면서 이빨 빠진 질문을 하고 있습니까?"(류인식, 『동산전집』, 「상김척암선생」, 1908)

류인식처럼 서구 신사상을 받아들여 계몽운동을 펼친 안동 유림들을 '혁신유림革新儒林'이라고 한다. 이들은 기존 유림들로부터 거친 저항을 받으며 계몽운동을 주도했다.

고종의 칙령과 협동학교

저항은 심각했다. 류인식은 곧바로 신식학교를 만들지 못했다. 을사조약이 체결되고 1년 하고도 넉 달 뒤인 1906년 3월 26일, 고물이 된 나라 대한제국 광무제 고종은 "부국富國을 위해 자제를 학교에 안 보내면 죄를 논한다"며 전국에 학교를 세우라고 명했다.(1906년 3월 26일『고종실록』) (고종은 20일 뒤 "성리학 발전을 위해 성균관 교육을 강화하라"는 모순적인 명을 내리기도

안동 '협동학교' 교직원. 윗줄 왼쪽 끝이 일송 김동삼이고 가운데 왼쪽 끝이 동산 류인식이다. [경북독립운동기념관]

신학문에 개안을 하고 계몽운동을 이끈 독립운동가 일송 김동삼.
망국 후 이들 혁신유림은 간도로 망명해 독립투쟁을 이끌었다.
[경북독립운동기념관]

내앞마을에 있는 김동삼 생가

했다.) 황명이 떨어졌으니 혁신유림에게는 호기였다. 보수 유림들이 반대할 기세가 꺾인 것이다.

1907년 류인식은 학교를 설립했다. 의성 김씨 일송 김동삼과 고성 이씨 석주 이상룡도 함께였다. 이름은 '협동학교協東學校'다. 안동군 동쪽 7개 면이 힘을 합하여 동국東國에 만든 학교라는 뜻이다. 언론은 대환영했다. '명문 가문들이 구습의 잘못됨을 깨닫고 신사상을 발휘했으니 문명 발달의 기관이며 사회 단합의 기원이라 하노라.'(1908년 9월 24일『황성신문』)

과목은 수신修身, 국어, 역사, 미술, 대수, 지리, 화학, 생물, 창가, 체조 등 17개였다.『음빙실문집』도 교재로 쓰였다. 교사는 의성 김씨 문중과 전주 류씨 문중에서 나왔다. 훗날 만주에서 '만주 호랑이'라고 불린 김동삼도 교사로 일했다. 계몽운동 결사조직인 서울 신민회新民會에서도 교사를 파견해 학생들을 가르쳤다.

의성 김씨 종손 김병식을 교장으로, 문중 서당인 내앞마을 가산서당에 문을 연 협동학교는 1909년 내앞마을 원로 김대락의 사랑채로 교실을 옮겼다. 백하 김대락 또한 완고한 척사파였다. 그런데 매부인 이상룡이 지회장으로 있던 계몽단체 '대한협회'의 기관지를 읽고 개안을 한다. 눈을 뜬 김대락이 이렇게 글을 남긴다.

'다 늙어 주검처럼 어둡게 살다가 대한협회서를 읽으니 심폐를 찌르듯 말마다 절실하여 눈물이 옷깃을 적신다'(김대락,「독대한협회서유감讀大韓協會書有感」)

김대락은 '거울도 때가 끼면 장님과 같다'며 자기 집 50칸짜리 사랑채를 교실로 내놨다. 영남을 비난하던『황성신문』도 깜짝 놀랐다. '김대락씨가 신교육을 언급하는 자를 대성질책하고 극력반대하더니 영남 교육계에 새 붉은 깃발(적치赤幟: '모범'이라는 뜻)을 세웠도다.'(1909년 5월 8일『황성신문』)

의병들의 난입과 살해된 교사들

1934년 경북경찰부가 작성한『고등경찰요사』에는 이렇게 기록돼 있다. '참으로 우려해야 할 일은 현재 (독립) 운동에 종사하고 있는 자보다 장래 사회 중견이 돼야 할 학생들이 거침없이 달려가 운동에 투신하거나 감화, 선동을 받고 있는 추세다.'(경북경찰부,『고등경찰요사』(1934), 류시중 등 역, 선인, 2009, p27)

이게 이들 혁신유림들이 만든 미래였다. 신교육은 어리고 젊은 개개 조선인을 각성시키는 작업이었다. 그 밝은 미래를 위하여 많은 사람들이 희생됐다. 1910년 7월 18일 오후 3시 폭도 18명이 협동학교에 소총과 피스톨, 칼을 들고 난입했다. 3명이 망을 보는 사이 이들은 교사 안상덕(32)과 김기수(24)를 죽이고 도주했다. 안상덕은 폐에 소총 관통상으로 즉사했다. 김기순 또한 총알이 폐를 관통하고 온몸에 칼을 난자당하고 죽었다. 학생 이종화(29)도 죽었다. 폭도들은 이렇게 고함을 질렀다. "우리는 의병義兵이다!"

단발을 하고 신학문을 학습하는 자들을, 척사파 의병들이 처단한 것이다. 단발을 하지 않은 학생은 무사했다. 전국에서 이들을 성토했고(1910년 7월 23일『황성신문』, '조협동학교弔協東學校' 등) 평양 숭실중 출신 김하정과 서북 협성학교 출신 김철훈이 후임 교사를 자원했다. 이들은 충주에서 거병한 예천 최성천 의병대로 밝혀졌다. 체포된 의병장 최성천은 1910년 11월 대구 공소원에서 교수형이 확정돼 그해 12월 처형됐다. 총독부 치하 진행된 이 재판 판결문에는 협동학교 난입과 교사 살인죄는 없었다.(국가기록원, 「최성천 판결문」)

그래서 그때 교사들이 흘린 피가 바위까지 흘렀고, 사랑채 앞에 지금도 앉아 있는 그 바위에 귀신이 나온다는 것이다. 어이없이 피를 흘리며 죽은 선생들과 학생 혼령이 그 피가 뿌려진 바위에 나타난다는 것이다. 김대락의 종증손 김시중은 "어릴 때 바위 옆에 가기도 무서웠다"고 했다.

코앞 세상도 알 수 없는 엄혹하고 혼란하고 엉망진창인 시대였다. 세상은 그러했다. 어떤 이들은 새 세상을 위해 구법을 버리고 시대정신을 좇았고 어떤 이는 옛 세상을 지키려 그들을 죽였던 그 시대. 이제 이들 혁신유림들이 망국 후 한 일들을 알아보기로 하자. 땅의 역사

08 목숨과 재산을 버리고 국권을 회복하겠노라

불꽃처럼 살아간 혁신유림 2 : 노비 해방과 간도 집단망명

을사조약 이듬해인 1906년 전남 구례에 살던 선비 매천 황현이 시를 쓴다.

'나라가 망할 때는 사대부가 먼저 망가지는 법 / 양나라 조정에 춤추는 이는 절반이 최씨요 노씨라네(亡國先亡士大夫 梁庭舞蹈半崔盧·망국선망사대부 양정무도반최로)'(황현, 『매천집』 권4, 「형저기우荊渚騎牛(형남 물가에서 소를 타다)」)

당나라가 망하고 나니 당을 무너뜨린 후량後梁 조정에 당나라 고관들이 춤을 추고 있더라는 말이다. 조선도 비슷했다. 나라는 쑥대밭이 됐다. 쑥대밭을 예견했거나 만들어버린 많은 이들은 일찌감치 일본으로 배를 갈아탔다.

4년이 지난 1910년을 사람들은 국치國恥의 해라 불렀다. 총 한 방 못 쏴보고 나라가 사라졌으니 치욕스럽고 우울했다. 그런데 모두가 우울하지는 않았다. 심산 김창숙은 기억한다. '그때 왜정倭政 당국이 관직에 있던 자 및 고령자 그리고 효자 열녀에게 은사금이라고 돈을 주자 온 나라 양반들이 많이 뛸 듯

석주 이상룡. 안동의 대표적 혁신유림이다. [경북독립운동기념관]

일송 김동삼 수형카드. 본명인 '김긍식'으로 기재돼 있다. 서대문형무소에서 사망 후 유해는 유언에 의해 한강에 뿌려졌다. [국사편찬위]

이 좋아하며 따랐다.'(『김창숙문존: 벽옹73년회상기』, 성균관대출판부, 1997, p233)

'최씨' '노씨'도 있지만 지사志士 또한 있는 법이다. 1910년 홀연히 조선을 떠나 간도間島로 집단 망명한 이들이 그러했다. 이 이야기 제목은 '혁신유림 집단 망명기'다.

망국, 집단 순국, 집단망명

많은 양반들이 조선 멸망과 함께 대거 자결 순국했다. 안동 혁신유림의 대부 김대락은 이만도, 이종언, 이현섭, 류도발, 이석주 5인의 자결을 기록했다. 나라 하나 지키지 못한 쓸모없는 목숨을 버리겠다는 의리義理를 따른 행동이었다. 혈맥, 혼맥으로 그물처럼 얽힌 안동 유림들은 망국과 집단자결에 충격을 받았다. 영남 유림은 『황성신문』이 '조선 최고의 완고한 사람들'이라고 비난했던 골수 주자성리학자들이었다.

자진自盡 대신 살아서 '또 다른' 바른 길正道(정도)을 택한 사람들이 혁신 유림들이다. 을사조약 이후 협동학교를 세운 선각자 류인식, 김대락, 이상룡, 김동삼이 그들이다. 이들은 경북경찰부가 '사회 이목을 놀라게 한 중요 범죄에 본도本道 관계자가 없는 일이 거의 없을 정도'라 할 만큼 독립운동에 열심이었다.(경북경찰부, 『고등경찰요사』(1934), p25) 주권이 일본으로 넘어간 뒤 이들 상당수는 만주로 떠났다. 전국 혁신 유림들이 집단으로 기획한, 독립군 기지 건설을 위한 망명이었다.

시대정신의 상징 '노비 해방'

신사상을 받아들인 혁신유림은 놀랍게 변신했다. 새로운 시대정신을 몸으로 보여주기 위해, 이들이 택한 첫 번째 행동은 노비 해방이었다. 융희 원년(1907년) 충남 홍성에 사는 혁신유림 김좌진은 '노복 30여 명을 모아놓고 주안을 베푼 후 종 문서를 그들의 눈앞에서 불살라 버리고 그 당장에서부터 경어 쓰기를 서슴지 아니하였다.'(1930년 2월 15일 『조선일보』, '암살당한 김좌진의 일생') 김좌진은 '호명학교'를 만들어 신교육을 하다가 만주로 건너갔다.

1906년 '협동학교'를 만든 류인식은 이듬해 노비를 모두 해방시키고 백정 평등운동인 '형평운동을' 적극 원조했다.(『동산전집』 下, 「동산문집」, '약력', 동산선생기념사업회, 1978, p146) 김대락은 예천과 봉화, 강릉에 흩어져 있는 노비 270여 명에게 땅을 나눠주고 문서를 없애버렸다.(종증손 김시중 증언) 류인식과 함께 '협동학교'를 만들고 김대락에게 신사상을 깨우치게 한 이상룡

김좌진. 노비를 해방하고 신교육을 한 유림이다.

은 1910년 한일병합조약 직후 노비문서를 불태우고 노비들을 집으로 돌려보냈다.(『석주유고』 후집, 「연보」, 석주이상룡기념사업회, 1996, p524) 서울에 있는 소론 혁신 이회영 가문 또한 가노家奴를 해방시켰다.

이미 1894년 갑오개혁 때 신분제는 철폐됐으나 노비는 현실에서 엄연히 존재하는 신분이었다. 이종일, 나인협, 박준승 등 1919년 3·1운동 민족지도자 33인 가운데 몇몇 인물조차 총독부 감시대상인물카드에 '양반兩班'이라고 기록돼 있다.

그런 대혼란기에 전 재산 다 팔아 만주로 떠났으니, 조선 제일 완고 집단의 혁명적인 변신이며 신분과 재산과 목숨을 팽개친 무모하기 짝이 없는 모험이 아닌가.

신민회와 간도 신흥학교

나라 동쪽 안동에만 시대정신이 강림한 것은 아니었다. 망국 무렵『대한매일신보』를 만든 양기택이 신민회新民會라는 결사조직을 만들어 새 시대를 준비하고 있었다. 신민회에는 서울 사는 이회영 일가와 여러 안동 문중이 활동하고 있었다. 이들은 국내 활동을 포기하고 만주에 기지를 만들어 독립하겠다는 큰 기획을 세웠다.

그리고 떠난다. 동시다발적으로 노비를 해방하고 재산을 팔아치우고 식솔을 이끌고 만주로 떠난다. 이회영 아내 이은숙은 이상룡을 '경상도 혁명 대표'라고 불렀다.(이은숙,『서간도 시종기』, 일조각, 2017, p75)

'1911년 영남파 두목 이상룡과 김대락이 가족을 이끌고 서간도로 이주했다. 치열한 배일조선인 십수 명이 연이어 그 땅으로 달아났다. 이주 열기는 점차 도내 각 군에 전파됐다. 현재 그곳 거주자는 2만 5000명 내외로 판단된다.'(경북경찰부,『고등경찰요사』(1934), p163 등)

이회영 가문은 서울 명동과 경기도 양주에 있는 땅을 팔았다. 이상룡 가문은 99칸 임청각을 문중에 팔았다. 김대락 가문은 내앞마을 삼천 석 땅을 팔았다. 내앞마을 친척이자 훗날 '만주 호랑이'라 불린 무골 김동삼 또한 초가삼간을 내놓고 만주로 갔다.

그 돈으로 유하현 삼원보에 땅을 사서 한인 조직 경학사를 만들고 '통화현 합니하'에 교육기관 신흥강습소를 만들었다. 이 학교가 훗날 독립군 지휘관들을 배출한 신흥무관학교다. 동토凍土에 논농사까지 성공시켰으니, 농사를 짓고 문文을 배우고 무武를 훈련하는 병농공동체였다.(신흥학교 설립 주체에 대해서는 논란이 있다. 이에 대해서는 가까운 훗날 다른 곳에 기록하기로 하자.)

'부패한 정사와 문란한 기강'으로 나라가 망했다고 했던 김대락은 '서양을 배워 힘으로 독립을 되찾자'(김대락, 「신흥학교 학생제군 권유문」)는 근대적 인물로 탈각했다. '칼도 창도 못 써보고 이 지경이 된'(김대락, 「분통가」) 나라를 위해 힘을 기르자는 자각이었다. 1912년 만주에서 맞은 중국 신해혁명 소식에 김대락은 '동양삼국이 마침내 평등과 자유가 이뤄졌으니 가슴 속 참다운 봄이 있다'고 적었다.(김대락, 『백하일기』, 1912년 1월 2일)

해외에 무장투쟁기지를 세운다는 첩보에 국내에 남은 많은 인사들이 체포됐다. 신민회 총감독 양기탁 판결문에는 이들 혁신유림들이 꿈꾼 미래가 잘 나와 있다.

'자유의 천지라 믿는 서간도에 단체적 이주를 기획하여 조선 본토로부터 상당 재력있는 다수의 인민을 동지同地에 이주시키고 토지를 구입해 부락을 세우고 신영토를 만들려 했음. 또 다수의 교육받은 청년을 모집해 보내고 민단 조직과 무관학교 설립을 통해 독립전쟁을 일으켜 구한국 국권을 회복하려 함.'(경성지방재판소, 「피고 양기탁 등 16명 보안법 위반 판결문」: 국가기록원, 1911년 7월 22일)

조선 500년 만의 집단희생

그랬다. 가만히 있으면 노비 부리고 땅 굴리며 비단옷 입고 살았을 고루한 양반들이 한 번도 겪지 못한 간난신고艱難辛苦 속으로 스스로 뛰어들었다. 조선 왕조 500년사에 권력과 금력을 가진 자들이 공동체를 위해 집단적으로 일체를 던져버린 귀하고 드문 사람들이다. '왕공족王公族(고종의 친족)'과 '조선귀족朝鮮貴族' 이름으로 매국노들이 마치 당나라 옛 귀족 최씨 노씨들처럼 춤추며

서울의 이회영. 여섯 형제 전원이 전 재산을 내놓고 만주로 갔다.

경상북도 안동에 있는 임청각 군자정. 노비와 땅을 포함해 전 재산을 내놓고 만주로 떠난 석주 이상룡의 옛집이다. 벽에는 대한민국정부로부터 받은 가족들 훈장이 걸려 있다.

사는 동안 저들은 불꽃처럼 살았고 불꽃처럼 죽었다. 정신에 신분이 존재한다면 저들이 노비고 이들이 귀족이다.

해방 이후 김시중의 추억

해방이 되었다. 돌아와 보니 아무것도 없었다. 김대락의 종증손 김시중이 말한다. "면천한 노비들이 농사지은 좁쌀도 먹고 소주 양조장에서 술 만들고 남은 수수껍질 얻어서 사카린 섞어서 퍼마시고 온 가족이 아침부터 취해 자빠지기도 했다. 중학교 월말시험 볼 때는 월사금 안 낸 아이는 교실 밖에 앉아 있으라고 했다. 그래서 내가 많이 울컥해서, 왜 울 할배가 만주에 가서…."

지역과 신분과 노선으로 갈등을 빚는 운동가들을 보면서 이회영은 무정부주의자로 변신했다. 이회영은 1932년 밀정으로 변절한 조카 이규서의 밀고로 대련에서 체포돼 고문사했다. 김대락은 1914년 만주에서 죽었다. 무덤은 실전됐다. 김대락 유해는 결국 찾지 못했다. 1994년 문중에서는 유해 대신 그 의관衣冠을 내앞마을 앞에 묻었다. 장례는 영남 유림장으로 치렀다.

이상룡 또한 1932년 길림에서 죽었다. 마적에게 유족들이 붙잡혀 유해는 해방 후에 이뤄졌다. 김동삼은 1931년 하얼빈에서 체포돼 1937년 서대문형무소에서 죽었다. 유해는 한강에 뿌렸다. 김대락의 누이이자 이상룡의 처제이자 자결순국한 이중업의 아내 김락은 3.1운동 때 고문을 받고 실명으로 고통받다 1929년 죽었다.(경북경찰부,『고등경찰요사』(1934), p25)

1905년 12월 8일 일본에 유학 중이던 젊은 청나라의 혁명가 진천화陳天華가 바다에 투신자살했다. 아래는 그녀가 남긴「절명서絶命書」부분이다.

'우리가 망할 길을 걸은 것이지 어찌 남을 원망하는가. 우리가 망할 길이 없었다면 저들이 우리를 망하게 했겠는가. 조선이 망한 것은 조선 스스로 망한 것이지 일본이 할 수 있는 일이 아니다.' 그 망한 나라, 사라진 공동체의 부활을 위해 저들은 불꽃처럼 살았다.

4장

상남자

그 발자국이 너무도 깊으니

한용운 심우장

01 그때 인왕산에는 시대를 초월한 화가들이 살았다

인왕산 기슭에 살았던 화가 김명국과 정선

취한 늙은이 김명국

서울 인왕산에는 화가들이 살았다. 그들 가운데 김명국金明國은 임진왜란 직후인 1600년쯤 태어나 국립 화원인 도화서 직원으로 살다가 아무도 몰래 죽었다. 양반도 아니고 평민도 아닌, 중인中人이었다.

그림을 잘 그려도 너무 잘 그렸다. 사람들은 믿을 수 없는 그 솜씨를 '신품神品에 가깝다'고 했다. 신품이라 함은, 날 때부터 알고 있는 것이며(生知也·생지야) 그래서 다른 사람은 배울 수 없다(不可學也·불가학야)는 뜻이다.(남태응·1687~1740, 『청죽화사』) 남태응은 한술 더 떠서, '김명국은 그림 속에 있는 귀신(金明國其畵中之鬼神乎·김명국기화중지귀신호)'이라고 했다. 그 재주로 김명국은 도화서에서 궁궐 건물 단청을 새로 꾸미고, 병풍을 그리고 대감들 초상화를 그렸다.

얼마나 잘 그렸느냐. 인조가 비단 빗첩에 그림을 그리라 명했다. 열흘 뒤

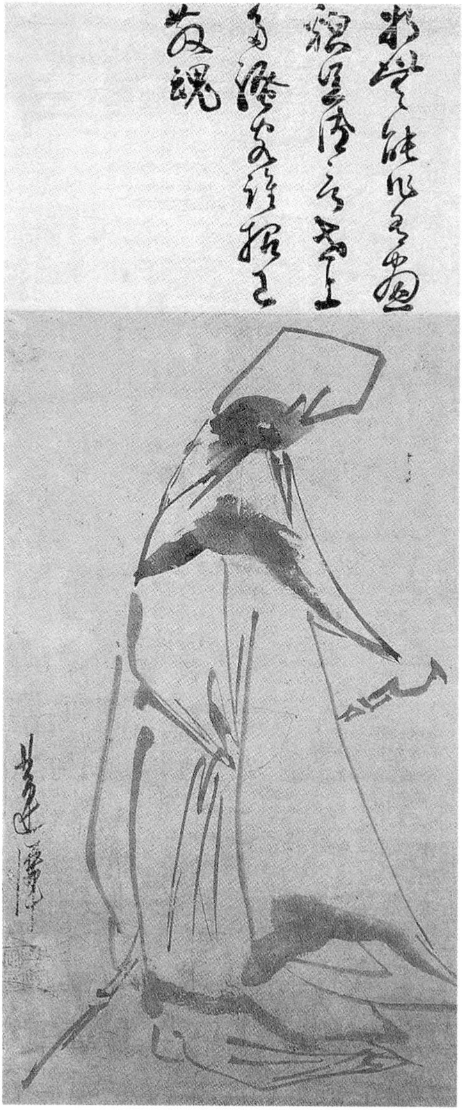

김명국 자화상 <은사도(隱士圖)>. 그림에 김명국은 이렇게 적어넣었다. '내 모습 그리면 그만이지 말이 더 필요하랴 세상에 글 쓰는 자들 많으나 이미 흩어진 내 혼은 누가 다시 부르리.' [국립중앙박물관]

돌아온 빗첩에 그림이 없는지라, 인조가 대로했다. 김명국은 "틀림없이 그림을 그렸사오니, 곧 알게 되리이다"라 답했다. 공주가 빗을 꺼내 머리를 빗는데, 이 두 마리가 빗첩 끝에 앉아 있었다. 손톱으로 눌러도 죽지 않아 보니 그게 그림이었다(視之畫也·시지화야).(성해응,『연경재전집』57, 1840)

1636년 조선통신사 일행으로 일본에 갔을 때 그가 〈달마도〉를 그렸다. 날랜 붓질에 순식간에 달마가 눈을 뜨자 그림을 청하는 일본인이 밤낮으로 몰려들었다. 김명국은 괴로움을 견디지 못해 심지어 울려고까지 했다.(김세렴,

조선통신사를 수행한 김명국이 일본인에게 그려준 <달마도>. 그의 그림을 찾는 사람이 워낙 많아 '울고 싶을 정도'였다. [국립중앙박물관]

『해사록』, 1636년 11월 14일)

일본에서 울어버린 화가

귀신같은 솜씨에, 일본 측은 "다음번 통신사행에 반드시 김명국 같은 화가를 다시 보내 달라"고 콕 짚어서 주문했다. 1643년 사행에도 김명국은 밤낮으로 울 정도로 시달렸다. 울려고 한 이유가 몇 가지 있었다.

첫째, 술을 마실 시간이 없었다. 김명국은 술이 없으면 그림을 그리지 않았다. 호號도 '취옹醉翁', 취한 늙은이였다. 연담蓮潭이라는 고상한 호도 있었지만 취옹이 더 어울린다. 사람들은 '주광酒狂'이라고도 불렀다. 그에게 그림을 구하는 자는 반드시 큰 독에 술을 담아 가야 했다. 사대부 집에 불려갈 때에도 술로 흡족하게 된 뒤에라야 기꺼이 붓을 들었다.(정내교, 『완암집』, 「화사 김명국전」, 1765) 말도 안 통하는 일본인들이 줄 서서 밤낮으로 맨 정신으로 그림을 요구하니, 술이 곧 뮤즈였던 화가 울음보가 안 터지겠는가.

둘째, 돈을 벌 시간이 없었다. 도화서 직원은 대개 계약직이었다. 정기적인 월봉이 아니라 일감이 생기면 그에 맞는 보수를 받는 '가난한 환쟁이'들이었다. 그래서 김명국은 통신사를 따라갈 때 인삼을 몰래 숨겨가 팔았다. 1636년 기록에는 '김명국의 인삼 상자가 또 발각돼 밉살스러웠다'고 적혀 있다.(임광, 『병자일본일기』, 1636년 11월 18일) '또'라는 말은 상습범이라는 뜻이다.

1662년 일본은 김명국을 다시 보내달라고 요청했다. 조정에서는 '김명국이 늙고 병들어 못 간다'고 거부했지만 일본에서는 '모든 경비를 다 대겠다'며 거듭 김명국을 청했다. 그리고 조건을 달았다. '김명국이 다른 사람을 시켜 대신 그리게 할 뿐 아니라 간혹 술에 취하여 붓을 놀리는 데 힘을 다하지 아니하였으므로, 반드시 보는 곳에서 그리게 해야 한다.'

결국 조정에서는 김명국에게 말을 주어서 밤낮없이 내려보내 그림을 그리게 했다.(『왜인구청등록』, 1662년 2월 26일~3월 16일) 상사들 눈이 없어야 밀수질도 하는데, 틀림없이 그는 또 붓을 놀리며 울었을 것이다.

정치 거물 송시열과 김명국

남 잘못 지적질하지 않고는 살 수 없었던 서인 거두 송시열 또한 김명국을 두고 보지 않았다. 1659년 어느 날 이조판서 겸 사림파의 최고직인 성균관 좨주祭酒 송시열이 당시 대사간인 유계兪棨에게 편지를 쓴다. '감토전 행랑 뒤에 사는 화원 김명국은 아비가 죽어 장사를 하기도 전에 아내를 맞이한 자이니, 사헌부에 고발하도록 하는 것이 어떤가.'(송시열, 『송자대전』 권3, 「유무중에게 보냄」)

이 패륜아를 처벌하라는 것이다. '감토전'은 종로 시전 가운데 하나였으니 아마 그때 살던 곳은 지금 서울 종로의 피맛골 근처가 아니었을까.

국왕을 좌지우지하던 천하의 송시열이 지금으로 치면 감사원장에게 환쟁이 하나를 처벌하라고 편지를 보내는, 그런 황당한 시대에 김명국이 살았다.

그래서 그가 그린 그림의 주인공은 주로 이상향과 은둔한 도사들이었다. 먼 곳을 바라보는 도사, 당나귀를 타고 먼 길 떠나는 선비, 어디인지 종잡을 수 없는 유토피아를 단번에 붓을 쓸어 완성하고(一筆掃盡·일필소진) 그는 죽었다.

어디에서 언제 왜 죽었는지는 아무도 모른다. 중인이었으니까. 사대부는 그의 그림을 탐했지 그를 탐한 것은 아니었다. 그들에게 김명국은 그림 기술자에 불과했다. 대신 김명국은 스스로의 흔적을 남겨놓았다. 상복 입고 길 떠나는 한 사내 뒷모습을 그렸다. 제목은 〈은사도隱士圖〉다. 그 사내 머리 위에 그가 적어놓았다. '세상에 글 쓰는 자들 많으나 이미 흩어진 내 혼은 누가 다시 부르리(誰招已散魂·수초이산혼).'

영조가 사랑한 화가 겸재

김명국이 죽은 뒤 또 다른 걸출한 화가 하나가 살다가 죽었다. 이름은 정선(1676~1759)이다. 정선은 인곡仁谷에 살았다. 인왕산 골짜기라는 뜻이다. 상놈은 아니었지만, 그리 명문도 아니었다. 그런데 집 주변에 노론 권세가가 많이 살았다. 그 가운데 한 사람이 장동 김씨 가문 김창집이었다. 그때로 치면 늘그막인 40대에 정선이 그에게 가서 이리 말한다. "취직 좀 시켜주시오."

김창집 또한 정선의 그림을 무척 좋아한지라, 자기 세도를 이용해 정선을 관상감에 취직시켜 주었다. 과거에 응시할 경제적 여유는커녕 책 살 돈도 없었던 그에게 이웃 세도가는 이탈리아 메디치 가문에 비교할 수 있는 훌륭한 스폰서였다. 스폰서는 또 있었다. 영조다.

영조 또한 정선의 그림을 좋아했다. 과거에 합격하지도 않고 학문에 뛰어나지도 않은 이 화가를 영조는 끝까지 지원해주었다. 지방 현감도 세 차례나 시켜주었다. 세자 때부터 이름을 들어 알고 있던 이 화가를 영조는 이름 대신 겸재라고 꼬박꼬박 호를 부르며 가까이했다.(조영석, 『관아재고』 4, 「애사哀辭」)

그의 그림은 근졸謹拙하다. 화려하지 않고 질박하다. 상상 속 장소 대신 눈

앞 개울과 앞산을 그린다. 들로 산으로 나가 경치를 보이는 대로 그린다. 그 사실적인 스케치에 보일 듯 말 듯 기교가 섞여 들어가, 많은 사람이 '조선 진경 산수'라 부르는 독특한 화풍이 창조됐다. 저 인왕산을 보라. 대한민국 국민이 하늘을 보면 걸쳐 있는 그 산이 그림 속에 들어가 있다. 1751년 늦여름에 그린 〈인왕제색도仁王霽色圖(구름 걷힌 인왕산 그림)〉가 그대로 하늘에 그려져 있다. 그 그림이 내뿜는 기개와 실력이 학문에 능하지 못했던 한미한 그를 권세가들과 당당하게 교류하는 인사로 만들어놓았다. 나이 마흔에 무시험으로 미관말직이 된 화가는 종2품 가선대부까지 오른 뒤 여든두 살에 죽었다.

비겁한 사대의 시대

취한 늙은이 김명국이 일본으로 가던 1636년은 불우한 해였다. 그해 가을 김명국이 통신사행 공식 화가로 일본으로 떠나고 넉 달 뒤 전쟁이 터졌다. 병자호란이다. 그해 11월 홍문관 부교리 윤집은 "나라가 망할지언정 의리상 구차하게 목숨을 보전할 수 없다"고 큰소리쳤고, 한 달 뒤 남한산성에 갇힌 관료 무리는 홍타이지가 쏴대는 대포에 겁에 질려 40여 일 만에 항복했다. 항복하기까지 그들은 '명나라 황제에게 인사할 시간'이라며 북서쪽 북경을 향해 절을 했다. '망궐례望闕禮'라고 한다.

삼전도에서 굴욕적인 항복 의식을 치르고 한 달이 지났다. 1637년 음력 2월 28일 조정에서 국경 수비대로 보내는 문서에 명나라 연호를 적었다가 청나라 관리에게 발각됐다. 이후 조선은 청을 섬기며 공식문서에는 두 번 다시 명나라 연호를 사용하지 않았다. 그런데 2019년 현재 대한민국 전국 방방곡곡에 꽂혀 있는 큼직한 옛 묘비에는 모조리 청나라가 아닌 명나라 연호가 새

1751년 겸재 정선이 그린 <인왕제색도>. 구름 걷힌 날 인왕산 골짜기를 그린 그림이다. 눈앞에 보이는 그대로를 그린 이 화풍을 '진경산수' '실경산수'라 한다. [삼성미술관 리움]

겨져 있다. 죽어도 명나라를 잊지 않겠다는 비겁한 시대정신이 함께 새겨져 있는 것이다.

병풍바위의 증언과 시대정신

그 엄혹하고 황당한 사대의 시대에 한 화가는 술에 취해 자기 세계로 틈입했고, 한 화가는 인왕산을 그렸다. 누가 보더라도 인왕산이고 누가 보더라도 금강산이며 누가 보더라도 박연폭포임이 분명한 산과 폭포를 붓으로 잡아서 종이에 눌러 박았다. 취옹과 겸재는 시대정신을 거역한 예인이었다.

인왕산을 인왕산답게 그린 겸재 화풍을 지금 사람들은 '진경산수'라 한다. 그러나 사대事大에 대한 지식인과 권력자들 욕망이 너무나도 크다 보니, 겸재가 죽고 속칭 진경산수의 시대는 곧 사라지고 말았다. 사대부 사회에는 다시 중국의 선경仙境과 이상향을 그린 남종화와 문인화가 유행했고, 겸재의 화풍은 아주 훗날 근대에 이르러서야 부활했다.

식민의 시대, 조선 총독부 총독 미나미 지로는 저 인왕산 병풍바위에 글자를 새겨넣었다. 〈인왕제색도〉 왼편에 겸재가 흑색으로 쓱쓱 붓질 몇 번으로 그린 그 병풍바위다. 제일 큰 글자는 '東亞靑年團結·동아청년단결' 여섯 자였고, 기타 등등 잔뜩 잔글자를 새겨 넣었다. 1939년이다. 6·25 넉 달 전인 1950년 2월 글자들은 철거됐다.

대한민국 공화국 시대가 왔다. 시대도 바뀌었고, 시대정신도 바뀌었다. 인왕산은 늘 푸르다. 사계절 그 희한한 골계미를 자랑하며 골속골속 소나무와 아카시아 숲에서 피톤치드를 내뿜는다. 불우한 양반과 천대받는 중인이 아니라, 우리 모두가 오로지 실력 하나로 세상에 이름을 남기기를 기대하는 시대가 되었다. 이 시대에, 비석 뒤편에 숨겨놓은 정신 나간 관념을 지킬 것인가. 취옹 김명국의 이상향을 그릴 것인가. 아니면 겸재 정선의 현실계에 발을 디딜 것인가. 땅의 역사

02 예전엔 귀했으나 천하게 됐으니 어찌하겠는가

흥선대원군 이하응의 파란만장한 삶과 천자(天子)의 나라

권력이 하늘을 찌르던 1869년 50세 기념으로 제작한 대원군 초상화. 서양세력이 몰려오던 그때, 대원군은 조선 군사력 강화에 공을 들였다. [서울역사박물관]

어느 날 홍선대원군 이하응은 "가야산 가야사 석탑 자리에 선친 묏자리를 쓰면 2대에 걸쳐 천자天子가 나온다"는 말을 들었다. 1845년 경기도 연천에 있던 선친 남연군을 충청도 예산에 이장하니, 과연 둘째 아들 명복과 손자 척坧은 황제가 되었다.(『땅의 역사』 4권 1장 '남연군묘의 비밀' 참조) 그럼에도 아들과 아비는 하늘을 함께 짊어지지 못할 원수로 지냈고, 아비는 쓸쓸히 죽었다. 나라도 쓸쓸히 사라졌다. 그 거인巨人 석파 이하응이 살아간 파란만장한 삶과 그 아들 손자 대에 끝난 나라를 일변해본다.

모순된 지도자, 이하응

'구리 기둥과 쇠 절벽 같은 굳은 습관에 손을 댄 부순 대혁명가였으나 쇄국을 행하여 스스로 소경이 되었다. 아픈 역사(통사痛史)가 여기에서 비롯되었다.'(박은식, 『한국통사』 7장, 「명성황후와 홍선대원군」)

홍선 대원군 시대(1863~1873)는 선례를 찾아보기 힘든 과감한 개혁과 시대를 거스르는 쇄국 정책으로 일관됐다. 노론 일색이던 정치권에는 소론과 남인은 물론 멸종됐던 북인까지 되살아났다. 사대와 당파색의 소굴이던 만동묘萬東廟와 서원을 없애 버렸다. 전통적 면세 집단인 양반계급에게 세금을 거두고 문란하기 짝이 없던 삼정을 갈아엎었다. 문관이 장악했던 군 지휘권을 무관에게 돌려준 것도 조선 역사에 유례없는 일이었다. 세도정권에 눌렸던 왕권 회복을 위한 경복궁 중건 공사는 큰 실수였다. 제일 큰 실수는 쇄국이었다.

천주교와 러시아와 권력

처음부터 쇄국을 주장한 것은 아니었다. 부인 민씨는 아들이 왕이 되자 감사 미사를 올린 천주교도였다. 고종의 유모 박씨는 마르타라는 세례명도 있었다. 대원군은 원래 천주교를 이용해 두만강을 넘나들던 러시아를 견제하려 했다. 1864년 양력 8월 18일 프랑스 외방전도회 신부 베르뇌가 북경 조선교구 주교에게 보낸 편지에 따르면 대원군은 운현궁에서 신도인 전 승지 남종삼에게 "러시아인을 몰아내면 종교 자유를 주겠다"고 제안했다.(강상규, 「대원군의 천주교 탄압에 대한 정치학적 고찰」, 『정신문화연구』 30권, 한국학중앙연구원, 2007)

그런데 1866년 1월 베르뇌가 의금부에 체포됐다. 의금부는 "남종삼이 반란음모를 꾸몄다"고 보고했다. 노론 대신들은 남종삼을 추국해 진상을 밝히자고 나섰다.(1866년 1월 11일 『고종실록』) 만동묘 철폐(1865년)로 노론에게 견제를 받고 있던 대원군은 돌이킬 수 없는 상황에 빠졌다. 그 돌파구가 이후 2년 동안 벌어진 병인박해였고 그 복수극이 9월 11일 프랑스군의 침략, 병인양요다.

그리고 1868년 '아들을 천자로 만들어준' 선친 남연군묘가 독일 상인 오페르트에게 파헤쳐졌다. 쇄국은 감정으로 변했다. 쇄국만이 정권과 윤리를 지킬 수 있다고, 대원군은 믿게 되었다.

쇄국의 수단, 강병

병인양요(1866)와 신미양요(1871)를 겪으며 대원군은 기존 강병책을 더욱 강화했다. '조선의 인후咽喉(목구멍)'라 불리는 강화도에 수비부대인 진무영鎭撫營 병력을 확대하고, 포병대를 설치했다. 1874년까지 예비군(속오군)이 지키던 진무영에 3500명이 넘는 병력이 확보됐다. 진무영 훈련대장 신헌은

1866년 프랑스군이 강화도를 침략한 병인양요 동판화. 대원군은 이 전투를 계기로 척화론을 내세우고 강병책에 돌입했다.

대원군이 운현궁에서 제작한 '운현궁별주명대포'. 몸체에 '동치 13년'이라는 연도가 새겨져 있다. 1874년이다. [국립중앙박물관]

대원군 지시로 수중시한폭탄 격인 수뢰포, 포신 방향과 각도를 자유롭게 조종할 수 있는 마반포거를 비롯해 10가지가 넘는 신무기를 개발했다.(연갑수, 『고종대 정치변동 연구』, 일지사, 2008, p210) 대원군 자신도 운현궁에 무기창을 설치하고 역시 포신 각도 조절이 가능한 대형 대포를 개발했다.

육군박물관에는 '운현궁별주雲峴宮別鑄'라고 새겨진 당시 화포가 남아 있다. 이 포에는 대원군이 쫓겨난 다음해인 동치 13년(1874년)이라는 날짜가 새겨져 있다. 운현궁별주 화포 이후 조선은 물론 대한제국에서도 무기 수입만 있

을 뿐 신무기를 개발한 기록이 없다.

1875년의 고종 친정 선언 2년 뒤 일본 군함 운요호가 강화도를 공격했다. 강화도 진무영은 고종 명에 의해 대폭 축소된 상황이었다. 운현궁 화포도 투입됐으나, '전의를 상실한 초지진 첨사 이민덕은 즉시 도주하고 35명이 전사하며' 참패로 끝났다. 더 이상 병인·신미양요에서 사생결단으로 싸우던 조선군이 아니었다.

흥선대원군 이하응이 살았고, 유폐됐던 서울 운현궁

임오군란, 납치된 대원군

1882년 6월, 열석 달 동안 월급이 밀린 하급 군인들이 반란을 일으켰다. 이들의 타도 대상은 왕비 민씨였고, 그 척족들이었다. 이들은 대원군을 지도자로 추대하고 궁궐로 난입했다. 이들을 진압하러 온 군사는 청나라 군사들이었다.

7월 13일 청나라 사령관 오장경이 자기네 병영으로 대원군을 유인한 후 필담을 나눴다. 오장경은 대원군을 납치해 난을 평정할 심산이었다. 그런데 낌

1882년 8월 청나라로 끌려간 흥선대원군. 그 해 8월 천진에서 청나라 관리들 심문을 받고 '사형을 감하여 유폐에 처함' 처분을 받기 전후 촬영된 천진성 영무처 공식 사진이다. [서울역사박물관]

새를 눈치 챈 대원군이 이리 말했다. "장군은 지금 구름 속에서 꿈을 꾸며 노닐 참인가!"(심조헌, 『용암제자기容庵弟子記』, 1910) 대원군은 순식간에 청나라 천진으로 납치됐다.

7월 30일 천진에서 대원군을 세 살 연하 이홍장이 다그쳤다. "각하가 난의 괴수다." 대원군이 말했다. "기름 가마솥이 앞에 있어도 나는 결백하다."(『흥선대원군 사료휘편』 4권, 「대원군 체진 비망록」, 현암사, 2005)

8월 12일 대원군은 '감사안치減死安置(사형을 대신한 유폐형)'를 선고받았다. 사흘 뒤 대원군은 천진 옆 보정부성 치안지서에 연금됐다. 출발 전 대원군은 황실 전문 사진관인 '양시태 조상관'에서 천진성 영무처營務處 공식 사진을 촬영했다. 11월 2일 보정부에서 그는 관리 오여륜과 필담을 가졌다. 대원군은 예순셋이고 오여륜은 마흔넷이었다.

필담에는 상남자 냄새가 난다.

오여륜: 잘못을 사죄하라.

흥선대원군: 불량 소년을 만나 곤욕을 치르는구나.

오여륜: 무슨 책을 읽는가.

흥선대원군: 강목 9권을 보았다.

오여륜: 그런 책은 좋은 데 쓰지 않으면 사람 죽이는 책이다. 덮어라.

흥선대원군: 글을 써내려가는 형세가 또 욕설이구나.

오여륜: 악한 짓을 하고도 남의 욕설을 막으려 하는가.

흥선대원군: 내가 이미 악에 처했는데 당신 입도 악하고 날씨까지 악하니 세 가지 악이 한데 모였구나.

대원군이 말했다. "양왜 배척이 오늘날 정세에는 옳지 않다. 천하의 대세이니, 좋은 것은 인정해야 한다." 오여륜이 비아냥댔다. "천하라니, 당신은 그저 한 나라 얘기나 하라."

한참 기싸움 끝에 대원군이 말했다.

"욕설을 들었지만, 날마다 대화를 하면 고향을 잊겠구나."(이상 대원군, 「보정부담초保定府談草」

대원군의 귀국과 유폐

그 사이 조선에서는 대원군을 겁박해 끌고 갔던 젊은 원세개가 섭정을 했다. 고종과 왕비 민씨와 그 척족들은 청나라 보호 속에 무사안일하게 살았다. 1884년 갑신정변이 터졌다. 정변 주도자들은 청으로부터의 독립과 대원군 귀국을 강력하게 주장했다. 46시간 만에 정변은 청나라 군사에게 진압됐다.

1885년 고종 정권이 러시아에 기대려는 한러 밀약이 두 차례 폭로됐다. 청 정부는 고종 정권 견제를 위해 대원군을 귀국시켰다.

만 2년이 지난 1885년 8월 27일 대원군이 남대문을 통해 서울로 돌아왔다. 아들 고종은 남대문까지 나가서 아비를 맞이했다.(1885년 8월 27일 『고종실록』) 그날 고종이 대신들에게 말했다. "기쁜 마음을 어떻게 다 말할 수 있겠는가. 잡류雜類들이 까닭 없이 거짓말과 비방으로 대원군에게 누가 되게 하였다. 각별한 분이니 예조에서 의정부와 상의하여 예절 절차를 마련하라."

9월 10일 예조가 발표한 대원군 예우 규정은 이러했다. 첫째, 대문 밖에 하마비下馬碑(신분 고하를 막론하고 말에서 내리라는 표지)를 설치할 것. 둘째, 대문에 차단봉(횡강목橫杠木)을 설치할 것. 셋째, 대문은 습독관이 윤번으로 입

직할 것. 넷째, 조정 신하들은 사적으로 감히 대원군을 만나지 말 것.(1885년 9월 10일『고종실록』)

차단봉에 감시초소까지. 예우가 아니라 다시 유폐당한 것이다. 아들이 아비를 다시 유폐시킨 것이다. 고종에게 흥선대원군은 정적政敵이었지 아버지가 아니었다. 대문 개폐 차단은 물론 출입은 24시간 감시당하고 면회는 통제됐다.

황은(皇恩)에 감격하여

또 한 해가 지난 1886년, 주차조선총리교섭통상사의駐箚朝鮮總理交涉通商事宜라는 직책으로 고종 옆에서 조선국을 통치하던 원세개가 고종에게 편지를 보냈다. 이런저런 충고와 청나라를 따돌리고 러시아 같은 다른 나라와는 손잡을 생각 말라는 반 협박, 반 조언의 문서였다. 고종이 전한 답신은 이러했다.

"글자마다 약석藥石이 되어 감격스러움을 금할 수 없고 천조天朝(청나라)를 섬겨온 지 200여 년이 되니 머리부터 발끝까지 황은皇恩을 입지 않은 곳이 없나이다. 나라 문을 닫고 홀로 지냈으나 천조에서 이끌어주고 일깨워주었나이다."(1886년 7월 29일『고종실록』)

실질적인 청나라 속국 상태는 1894년까지 8년을 더 갔다. 동학혁명이 터지자 고종은 민씨들과 함께 청군을 불러들였고, 함께 들어온 일본군은 청일전쟁을 벌였다. 일본은 대원군을 앞세워 민씨 정권을 무너뜨리고 갑오정부를 세웠다. 한 달 뒤 정권이 안정된 갑오정부와 일본은 대원군을 하야시켰다.

거기까지였다. 거인의 발걸음은 멈췄다.

"주상이 아직 오지 않았느냐"

3년 뒤 10월 12일 아들 고종은 대한제국을 세웠다. 넉 달 뒤인 1898년 2월 22일 대원군이 죽었다. 죽기 전 대원군은 고종의 형인 장남 재면에게 "주상을 알현하면 죽어도 여한이 없겠는데 어떻게 하면 좋겠느냐?"고 세 번을 물었다. 대원군은 "아직 주상 가마가 오지 않느냐"고 묻고는 긴 탄식을 하고 죽었다.(황현, 『매천야록』 권2 ①, 2. 흥선대원군 사망, 1898년) 임종도, 5월 15일 치른 장례도 아들 고종은 참석하지 않았다.

1907년 7월 19일 아들 광무제가 강제 퇴위되고 손자 이척이 융희제에 등극했다. 대원군이 남연군 묘를 이장한 목적은 완수됐다. '2대천자지지' 발복은 거기까지였다.

한자리에 모인 아들, 손자들

1910년 8월 29일 한일병합조약이 공포됐다. 총성 한번 없었다. 조선 통감부 외사국장 고마쓰 미도리는 이렇게 기록했다. '병사 한 명도 움직이지 않았고 피 한 방울 흘리지 않았다. 담판 개시일부터 조약 조인까지 딱 일주일 걸렸다.'(고마쓰 미도리, 『명치외교비화明治外交祕話』, 原書房, 1976, p295)

8년 뒤 1918년 정초 일본으로 떠났던 대원군 손자 영친왕 이은李垠이 귀국했다. 1918년 1월 13일 덕수궁 석조전에서 아들과 손자와 증손자들이 총독부 관리들과 귀국 오찬을 했다.(1918년 1월 13일 『순종실록』 부록) 그리고 기념사진을 찍었다. 맨 앞줄 한가운데에 전직 황제들과 그 직계인 왕공족王公族들이, 양옆으로 조선총독 하세가와 요시미치長谷川好道와 총독부 정무총감 야마가타 이사부로山縣伊三郎가 앉았다. 그때 고종은 태황제가 아니었고 순종은 황제가 아니었다. 영친왕도 황태자가 아니었고 또 다른 순종 동생 의친왕 이강도 마찬가지였다. 이들은 일본 천황가의 조선 왕족과 공족이었다.

1873년 아들은 친정을 선언하며 아비가 강화도에 구축했던 진무영을 축소하고 궁궐 수비대로 전환시켰다. 그때 아비 대원군은 "그 군영이 국가에 무슨 해를 끼쳐서 장성長城을 파괴하는가?"라며 울었다. (황현, 『매천야록』 권1 ④, 12. 강화도 무위영의 철폐, 1894년 이전) 이후 벌어진 역사를 우리는 모두 안다. 총성 한번 울리지 않고 나라가 사라진, 이유가 뿌리 깊다. 땅의 역사

한가운데에 고종이, 고종 왼쪽으로 영친왕 이은과 조선 총독 하세가와 요시미치, 고종 오른쪽으로 순종, 의친왕 이강, 총독부 정무총감 야마가타 이사부로가 앉아 있다. '한말궁중관계사진첩'에는 '1월 23일 석조전 오찬 기념사진'으로 적혀 있지만, '순종실록부록'에는 오찬 날짜가 1월 13일로 기록돼 있다. [서울대학교박물관]

03 서울과 평양이 함께 추모하는 독립군

사상을 초월한 항일투사 양세봉의 죽음

서울 국립현충원 애국지사묘역 149번 묘. '순국열사 양세봉의 묘'라 새겨져 있다.

1934년 9월 20일 평안북도 철산 사람 양세봉梁世奉이 죽었다. 중국 요녕성 환인현 소황자촌의 옥수수밭에서 총을 맞았고, 이튿날 죽었다. 일주일 뒤 누군가가 그 무덤을 파헤쳐 작두로 목을 잘라갔다. 당시 양세봉은 서른여덟 살이었다. 양세봉은 만주 항일무장투쟁조직 조선혁명군 총사령관이었고 그를 죽이고 시신을 잘라간 자는 일본군에서 파견된 밀정이었다.

목 없는 독립군의 영혼은 지금 북한 평양 애국열사릉에 잠들어 있다. 대한민국 서울 국립현충원 애국지사묘역 149번 허묘虛墓에도 이 젊은 독립군이 잠들어 있다. 그는 사상이나 이념 또는 권력투쟁에 관해 아는 바 전혀 없이 항일투쟁을 지휘했던 사내였다. 남과 북의 현충시설에 동시에 묘로 안장된 유일한 투사, 양세봉의 일생 이야기다.

양세봉의 성장과 무장세력의 통합

1896년 7월 15일 평안북도 철산군 세리면 연산동에서 태어난 양세봉은 집안이 가난하기 짝이 없었다. 나이 열여덟에 남의 땅을 소작치고 살던 아버지가 죽었다. 집에는 큰형만을 바라보는 남동생 셋과 여동생 하나 그리고 엄마가 있었다. 기억하기로, 어릴 적 집에는 단군왕검의 초상화가 있었고 명절이면 초상화 앞에 향불 피우고 참배를 했다.(장세윤, 「조선혁명군 총사령 양세봉 연구」, 『조동걸선생 정년기념논총 한국민족운동사연구』, 나남출판, 1997) 대종교 신자였을 가능성이 아주 크다. 1918년 양세봉은 식구들 이끌고 두만강 넘어 정착한 신빈현 만주 땅에서도 만주족 밭에 소작을 치며 살았다.

이듬해 본국 조선에서 만세운동이 터졌다. 서당 교육 외에는 배운 바 없던 양세봉이었지만, 그해 5월 양세봉은 홍경현 홍묘자紅廟子 한인학교에서 만세운동을 주도했다. 또 이듬해 '대한독립단'에 가입해 신빈현 조직을 맡았다. 소작 농부 양세봉은 조금씩 독립운동 속으로 진입하고 있었다. 그 무렵 평안도에서 활동하던 무력투쟁 조직인 천마산대에 가입해 활동했다.

그 무렵 만주 무장조직 사이에 대한제국을 부활시키려는 복벽파와 공화주의파 사이에 갈등이 벌어졌다. 이어 참의부, 정의부, 신민부로 대표되는 무장조직이 서로 주도권을 두고 갈등을 벌였다. 복잡하고 지루하고 적전 분열적인 논쟁 끝에 1928년 정의, 신민, 참의 세 부를 해체하고 국민부로 통합됐다. 1929년 국민부는 산하 무장조직으로 조선혁명군을 창설했다. 양세봉은 혁명군 부사령관에 임명됐다.(국가보훈처, 『독립유공자공훈록』 4권, 「양세봉 편」, 1988)

군신(軍神) 양세봉과 조선혁명군

조선혁명군이 맡은 첫 번째 임무는 친일세력 척결이었다. 타깃은 일본이 만든 꼭두각시 단체 '선민부'였다. 양세봉은 '선민부 토벌지휘부'의 부사령관도 함께 맡았다. 1929년 9월 3일자 『중외일보』는 '국민부 소속 조선○○군과 무장경비대 충돌 접전'이라는 기사를 내보냈다. '수개월 전 통합된 국민부 소속 '조선혁명군'이 친일단체를 박멸 작전에 나섰다'는 내용이었다. 검열을 피해 제목에는 '○○'이라 표기했으나, 본문에는 또렷하게 '조선혁명군'이라 적었다.

20일 뒤 『중외일보』는 이런 기사를 내보냈다. '반동 한인교포 동향회, 전간부 총살 결의'. 본문에는 이렇게 적혀 있다. '동향회 간부 전원 총살을 결의한 후 기회를 엿보는 중이라 하며 총지휘자는 조선○○군대 오대장 량서봉梁瑞鳳이라더라.' '량서봉'은 양세봉의 본명이다.

양세봉은 조선혁명군 총사령관으로 승진하고 만주는 물론 조선 본국 국내 침투작전도 수시로 벌였다. 1932년 한 해에만 16차례에 걸쳐 부대원 101명이 압록강을 건너 군자금 모집과 기관 습격, 친일파 처벌을 주도했다.(장세윤, 앞 논문) 조선혁명군은 1938년 내부 갈등으로 해산될 때까지 일본에 대한 만주지역 무력투쟁을 주도했다.

자유시 참변과 텅 빈 만주

조선혁명군이 투쟁을 주도한 이유가 있다. 1920년 봉오동전투와 청산리전투에서 패한 일본군은 5만 병력을 동원해 만주에 있는 한인 무장조직은 물론 한인 공동체까지 뿌리 뽑는 '간도대토벌작전'을 벌였다. 3000명이 넘는 조선인이 학살당했고, 그때 완성돼 있던 독립군 세력은 와해되거나 연해주로 넘어갔다. 연해주로 넘어간 독립군 세력은 알렉세예브스크, 일명 자유시에 집결했다. 볼셰비키가 장악한 러시아 적군은 연해주를 점령한 일본군에 철수를 요구했고, 일본군은 독립군을 무장해제를 요구했다.

그때 공산주의 계열 조직인 고려공산당 상해파와 고려공산당 이르쿠츠크파가 독립군 통수권을 두고 맞붙었다. 볼셰비키는 이르쿠츠크파를 앞세워 독립군 무장해제를 강행했고, 이 과정에서 교전이 벌어졌다. 교전 결과는 전사 272명 익사자 31명 행방불명 250여 명, 포로 917명이었다.(국사편찬위원회, 『한민족독립운동사』 4권, '자유시 사변')

만주 무장투쟁은 와해됐다. 많은 민족주의 계열의 무장조직이 공산주의 계열에 등을 돌렸다. 자유시로 가지 않고 만주에 남았던 청산리전투 사령관 김좌진은 공산 계열 박상실에 의해 암살당했다. 자유시에서 무장해제당한 봉오동 사령관 홍범도는 훗날 중앙아시아 카자흐스탄에서 극장 경비원으로 일하다 죽었다. 그 공백을 메운 조직이 양세봉이 이끄는 조선혁명군이었다.

민족주의자 양세봉

1930년 조선혁명군 소속 기관인 국민부에서도 노선 갈등이 터졌다. 공산주의 계열에서는 국민부가 민중을 떠난 반동기관으로 변했으니 해체해야 한다고 했다. 민족주의 계열은 반대했다. 민족주의 운동가 양세봉은 좌익 계열 인물들을 전원 축출하는 데 주도적으로 나섰다. 이후 1934년 중반까지 조선혁명군은 원래대로 민족주의적, 반공적 성향을 유지했다.(장세윤, 앞 논문) 양세봉은 조선혁명군 총사령관이 되었다.

1931년 9월 18일 만주에 주둔한 일본 관동군이 만주사변을 일으켰다. 이듬해 3월 1일 관동군은 만주에 청나라 마지막 황제 부의溥儀를 앞세워 만주국을 세웠다. 자연스럽게 조선혁명군은 중국 의용군과 연대 항일투쟁을 벌이게 되었다. 연합군 병력은 2000명 정도였다.

중국군과 맺은 협상 조건에는 '중국과 한국 양국의 군민은 절실히 연합하여 일치항전하고, 인력과 물력物力은 서로 통용하며, 합작의 원칙하에 국적에 관계없이 그 능력에 따라 항일공작을 나누어 맡는다'는 조항이 들어 있었다.(국사편찬위, 『한민족독립운동사』 4권, 「조선혁명군의 편성」) 신빈현을 주무대로 벌인 연합작전은 한 번에 관동군 사살 1000명이라는 대전과를 거두기도 했다.

국민부 갈등을 봉합하고 연합작전을 펼치기 전 양세봉이 이렇게 말했다. "한때 나에 대하여 (공산주의로) 귀순할 것을 종용하는 자가 있었지만 나는 과거에도 민족주의가 확고하고 살인이나 기타 동포의 피를 착취한 사실이 없었다. 부하 군인으로서 (민족주의에) 귀순할 뜻을 가진 자가 있다면 독립전쟁의 초지를 관철하라!"

양세봉의 끔찍한 죽음

그런 양세봉이 죽었다. 1934년 9월 관동군 첩보부대와 통화通化 주재 일본 영사관 분관이 보낸 밀정 박창해에 의해 죽었다. 9월 19일 박창해가 매수한 마적 수령 압동양이 혁명군 주둔지인 환인현 북전자툰에 나타났다. 그날 밤 압동양은 "내 부대원 전원이 혁명군에 입대하겠다"며 양세봉을 근교로 유인했다. 약속된 장소에 도착하자 압동양은 순식간에 옥수수밭으로 사라졌고, 매복해 있던 일본군이 양세봉을 기습했다. 양세봉은 가슴에 총알을 맞았다. 동료들이 그를 치료했으나 다음날 죽었다. 양세봉은 7일장을 치른 뒤 고구려 산성 아래 묻혔다.

본국 조선에서는 9월 21일 '모처에서 양서봉 피살설'(1934년 9월 21일 『조선일보』)을 필두로 군신軍神의 죽음이 보도되기 시작했다. 26일 피살설은 사실로 드러났다. 9월 28일 『동아일보』는 '지난 22일 오전 6시 박창해와 양서봉 낯을 아는 사람과 같이 시체를 발굴 검사한 결과 확실히 양서봉으로 판명되어 사진까지 찍은 후 그 시체의 머리를 수일 내로 ○○방면으로 이송하리라고 한다'고 보도했다. 양세봉을 유인했던 밀정들은 일본영사관 요구에 따라 작두로 양세봉 시신의 목을 잘라 통화로 가져갔다. 양세봉의 죽음 이후 조선혁명군은 명맥만 남는 유명무실한 무장세력으로 후퇴하고 말았다.

김일성 회고록 『세기와 더불어』에 있는 양세봉 사진과 애국열사릉 양세봉 묘비

국립현충원과 애국열사릉의 양세봉

1960년 북한 정부는 환인현 삼성자에 있던 양세봉 유해를 평양으로 이장했다. 양세봉과 김일성의 아버지 김형직은 의형제 사이였고, 양세봉은 김일성이 어릴 때 학비를 대주고 꾸중도 서슴지 않던 사이였다. 1986년 유해는 평양 애국열사릉으로 재안장됐다.

1962년 대한민국 정부는 양세봉에게 건국훈장 독립장을 추서했다. 1974년 10월 17일 서울 국립현충원 애국지사묘역 149번 묘에 양세봉의 허묘墟墓가 들어섰다. 1995년 요녕성 신빈 만족자치현 왕청문 조선족진 인민정부와 경제문화교류협회는 국민부가 설립한 학교 화흥중학교 터이자 조선혁명군 사령부 자리에 양세봉 석상을 세웠다. 석상은 지금 그가 누비고 다녔던 왕청문진 강남촌 대협피골 골짜기로 옮겨졌다. 땅의 역사

중국 요령성 신빈 만족자치현 왕청문진 강남촌 대협피골 골짜기에 서 있는 조선혁명군 사령관 양세봉 석상. 양세봉의 묘는 대한민국 국립현충원과 북한 애국열사릉 두 곳에 다 있다.

항일 명장 양서봉(抗日 名將 梁瑞鳳). 양서봉은 양세봉의 본명이다.

04 민란에서 식민지까지… 거친 역사가 형제의 삶에 녹아 있다

다사다난했던 지운영-석영 형제의 일생

1935년 6월 8일 토요일자 『조선일보』 2면에는 짤막한 부음 기사가 실렸다. '백련 지운영씨는 6일 오전 여섯시 시내 가회동 이십번지 자택에서 별세하였는데 향년이 팔십사 세였다 하며 氏(성)은 조선 화단과 시단에 중진이였다.' 같은 날 『동아일보』는 '6월 10일 수송동에 있는 각황사(현 조계사)에서 영결식이 있을 예정' 이라고 보도했다.

세상을 떠날 때 지운영池運永(1852~1935)은 화가요 시인이었다. 50년 전에는 갑신정변을 일으킨 김옥균을 암살하려다 미수에 그쳐 조선 팔도를 떠들썩하게 한 협객이기도 했다. 무엇보다 지운영은 조선에 사진술을 도입한 선구자이기도 했다.

지운영이 죽기 넉 달 전 동생 또한 세상을 떠났다. 1935년 2월 3일자 『조선일보』는 이렇게 보도했다. 제목은 '종두계 대은인大恩人 지석영옹 장서長逝'. '조선에 처음으로 우두 넣는 법을 배워 민중에게 실시한 종두술의 대선각자 지석

지운영. 1883년 일본 고베에 있던 헤이무라 도쿠베에 사진관에서 촬영한 것으로 추정된다. [한미사진미술관]

영씨는 1일 밤에 시내 락원동 십칠번지 자택에서 별세하였다. 향년은 팔십 세이다.'

종두법을 도입한 선각자 지석영은 1894년 동학농민전쟁 때는 대구에서 동학군을 토벌한 사령관이었다. 동시에 동학의 원인이 된 탐관오리 수괴 민영휘 처단을 요구한 지사志士였다. 안중근에 의해 사살된 이토 히로부미 추도사를 읽은 사람이도 했고 한글을 대중화한 교육자이기도 했다. 어느 한 가지 자로 재단하기 어려운, 두 형제 삶에 녹아 있는 20세기 초 조선의 만 가지 얼굴을 뜯어보도록 하자.

무술인 지운영의 개안(開眼)

1852년 서울 낙원동에서 태어난 지운영은 어릴 적 취미가 이상했다. 모래주머니를 차고 나무를 걷어차는가 하면 수수가 자라면 자라는 대로 하루에 몇 번씩 뛰어넘곤 했다. 새싹이 돋아서 사람 키보다 높게 자라도 뛰어넘었다.(유영박, 「백련 지운영의 미공개 문권저책 목록」, 『도서관연구』 vol 22, 한국도서관협회, 1981) 지운영의 아들인 화가 지성채(1899~1980)로부터 앞 논문 저자가 직접 들은 이야기이니, 과장은 있으되 거짓은 없을 것이다.

지운영은 또 시화詩畫에 능했다. 1877년부터 지운영은 개화사상가 강위姜瑋의 시 모임에 참가해 문장을 닦았다. 강위는 추사 김정희의 제자이자 1876년 강화도조약 때 통역을 맡았던 사람이다.

'육교시사'라는 그 모임에서 지운영은 개화開化를 배웠다. 그리고 여흥 민씨 권력자 민영목과 연줄이 닿아 관직을 얻으니, 개화를 책임지는 통리군국사무아문의 말단 주사主事였다.(윤효정, 『한말비사』; 김재한, 「백련 지운영의 회화세계 연구」, 『한국근현대미술사학』 21권, 한국근현대미술사학회, 2010, 재인용)

1882년 구식군대 병사들이 일으킨 임오군란 때 일본 공사관이 불타고 일본인이 죽었다. 그해 8월 박영효를 대표로 수신사가 파견됐을 때 지운영도 일본으로 갔다. 신문물을 보았다. 사진寫眞을 보았다. 일행은 귀국했지만 지운영은 남아서 사진을 배웠다. 해를 넘기며 사진을 배우다가 주사로 임명된 사실을 신문으로 보고 조선으로 돌아왔다.(변경화, 「백련 지운영의 생애와 작품세계」, 이화여대 석사논문, 2007) 앞 사진(p265)은 유학 시절 스승 헤이무라 도쿠베에가 촬영한 사진이다.

그때 조선 권력자들은 사진에 광적으로 집착했다. 1881년 2월 1일자 일본 『동경일일신문東京日日新聞』은 "오사카 상인이 각국 귀족 촬영을 조선정부로부터 주문받아 분주하게 돌아다닌다"고 보도했다.(이은주, 「개화기 사진술의 도입과 그 영향」, 서강대 석사논문, 2000) 이듬해 귀국한 지운영은 도화원 출신 김용원과 함께 관립 촬영국撮影局을 열고 1884년 개인 사진관을 열었다.

개화파 무술가, 자객이 되다

바로 그해 12월 갑신정변이 터졌다. 관직으로 끌어줬던 여흥 민씨 민영목이 죽었다. 사진관은 일본인 소유로 착각한 조선인들에 의해 파괴됐다.(김재한, 「백련 지운영의 회화세계 연구」, 재인용) 그렇게 멘토와 재산이 개화파에 의해 사라지고 말았다. 지운영은 칼을 갈았다.

1886년 지운영은 『도해포적사渡海捕賊使(바다 건너 역적을 잡는 특사)』라는 국서를 들고 일본으로 건너갔다. 김옥균 암살은 신분이 탄로나며 불발됐다. 그가 송환되자, 고종은 "제 마음대로 나타났다 없어졌다 하며 나라에 수치를 끼친 것이 많으니 엄하게 신문하라"고 명했다.(1886년 6월 10일 『고종실록』) 일주일 뒤 지운영이 의금부에 이렇게 자백했다.

"순전히 사적 분노로 나홀로 쌍검雙劍을 갈아서 행한 짓이다. 임금 명령 또한 가짜였다." 고문을 해서라도 배후를 캐겠다는 의금부 보고에 고종은 "딱히 단서가 없으니 그냥 유배형을 내리라"며 수사를 종결시켰다.(1886년 6월 17

일『고종실록』) 고종 정권 때 관료였던 윤효정에 의하면 함경도 영변으로 가던 그 귀양 행렬은 '현지에 부임하는 부사 행렬과 다를 바가 없었다.'

사적 앙심으로 국익을 해친 자가 그런 호사豪奢를? 다음은 지운영 본인이 암살 기도 전모를 기록한 글이다.

'동지들에게 지나온 일의 대개를 밝힌다. 1885년 11월 3일 참판 민병석을 은밀히 만나 얘기를 하니, 이틀 뒤 주상을 만났다. 주상 뜻을 받들어 한 자 되는 칼을 만들었고, 1886년 정월 10일 다시 주상을 뵙고 국서와 여비 5만원을 받았다 운운.'(1886년 4월 그믐날 지운영 서한, 김재한 역, 원문 독립기념관 소장)

고종은 이런 사람이었다. 철저하게 자기 책임을 면탈하고 남에게 죄를 미루는 그런. 지운영은 그 군주를 위해 목숨을 걸고 모든 책임을 자기에게 돌렸다.

함께 유배당했던 동생, 석영

그가 영변에서 유배생활 중이던 1887년, 동생 석영 또한 유배를 당했다. 혐의는 '종두법 유포를 빙자한 반역당 조직'이었다. "흉악한 지석영은 우두牛痘를 놓는 기술을 가르쳐준다는 구실로 도당을 유인하여 모았으니 또한 그 의도가 무엇인지 알 수 없습니다."(1887년 4월 26일『고종실록』) 갑신정변 당시 종두법 보급을 가장해 박영효 같은 개화파와 꿍꿍이짓을 했다는 것이다. 고종은 지석영을 완도 신지도로 유배형을 내렸다. 형제는 한동안 한반도 남쪽과 북쪽 끝에서 귀양살이를 함께 했다.

지석영은 개화파였다. 과거 급제 전 그는 고종에게 "『만국공법』『조선책략』, 김옥균이 쓴 『기화근사』, 박영효의 형 박영교가 쓴『지구도경』같은 개화서적을 보급하고 근대 기계를 수입하자"고 상소문을 올렸고(1882년 8월 23일『고종실록』), 유배 직전인 1887년에는 사헌부 장령으로 "(고종의 친위부대인) 무위소가 군기가 엉망"이라고 고발하기도 했다.(1887년 3월 29일『고종실록』)

지석영은 1879년 부산에 있는 일본해군 소속 제생의원에서 종두법을 배웠다. 그해 겨울 어린 처남에게 우두를 접종했다. 사흘 만에 우두자국이 생겼다. 훗날 지석영은 "과거급제와 유배 해제보다 더 기뻤다"고 했다.(1931년 1월 25일『매일신보』) 1880년에 시작된 그의 종두 사업은 '호환 마마'라는 5000년 조선 역사 속 공포 가운데 하나를 소멸시켰다.

그런 '대은인'은 2년 뒤 임오군란 때 자기 밥그릇을 빼앗긴다고 생각한 무당들에 의해 종두장이 불타고 본인은 탄핵당하는 수난을 겪었다.(황상익, '7월 19일, 성난 조선 군인은 왜 지석영을 공격했나?,「근대의료의 풍경」41,『프레시안』, 2010년 7월 19일)

1894년 동학혁명이 터졌다. 형조참의에서 물러나 있던 지석영이 상소문을 올렸다. "백성을 수탈해 난을 초래한 간신 민영휘와 임금 눈을 가리는 무당 진령군을 처단하라."(1894년 7월 5일『고종실록』) 9월 25일 고종은 지석영을 대구에서 동학을 토벌하는 토포사로 임명했다. 토포사 지석영은 숱한 동학군을 체포하고 처형했다.(이두황,『양호우선봉일기』3, 1894년 12월)

1898년 독립협회가 탄생했다. 지석영은 협회에 가입해 맹렬하게 활동했다. 그해 3월 또 고종 눈 밖에 나 재판도 없이 또 10년 유배형을 받았다. 거센 여론에 밀려 고종은 석 달 만에 지석영을 풀어주었다.

이듬해 3월 지석영은 의학교醫學校 교장이 되었다. 그리고 대한제국의 공식

活人의種痘術을 殺人妖로嫉視

大院君當時에定配까지 壬午軍變에衝火當하여

池氏功績五十年紀念

平壤火災

약한시간동안 四戶를全燒

解停後

新計劃

朝鮮新聞界

二頁十二

◇活字改

1928년 9월 21일 자 『조선일보』에 실린 지석영 공적 50년 기념 기사. 사람 죽인다고 오해받았던 종두법 이야기가 실려 있다.

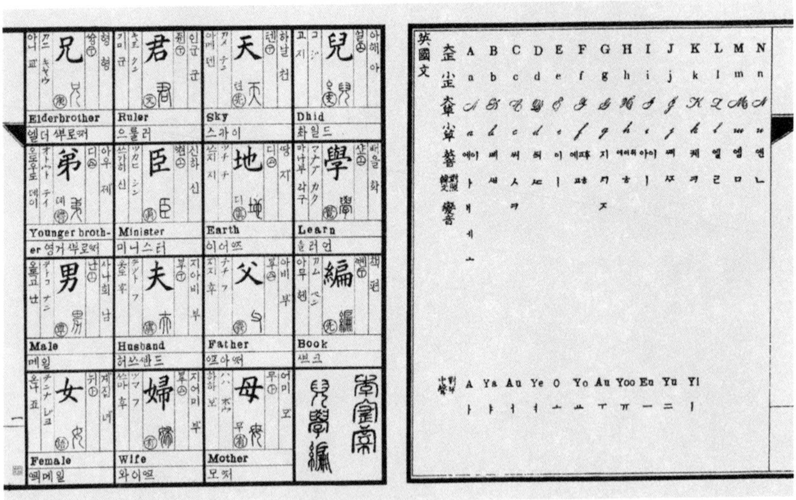
兄	君	天	兒
Elderbrother 엘더색로떠	Ruler 으룰러	Sky 스카이	Chhid 촤일드
弟	臣	地	學
Younger brother 영거색로떠	Minister 미니스터	Earth 이어쯔	Learn 을러언
男	夫	父	編
Male 메일	Husband 허쓰밴드	Father ᅋᅡ떠	Book 뿍크
女	婦	母	兒學編
Female ᅋᅵ메일	Wife 와이ᅋᅳ	Mother 모쩌	

英國文

A B C D E F G H I J K L M N

a b c d e f g h i j k l m n

A Ya Au Ye O Yo Au Yoo Eu Yu Yi

ㅏ ㅑ ㅓ ㅕ ㅗ ㅛ ㅜ ㅠ ㅡ ㅢ ㅣ

1907년 지석영이 편집한 『아학편』. 정약용의 외국어 교재 『아학편』에 영어를 보태 만들었다. 한글로 적은 발음이 인상적이다. 2018년 '베리북'이 복간한 판본이다.

한글 정책인 '신정국문'을 만들어 공포했다. 부산에서 종두법을 배울 때 일본인 거류민용 조선어 교본 『인어대방隣語大方』을 교정하며 얻게 된 문법이 그렇게 이어졌다. 그리고 정약용이 만들었던 외국어 교재 『아학편』에 영어를 덧붙여 지석영 버전 『아학편』을 보급했다. 한글로 적은 발음을 보면 21세기 영어 교육보다 낫다.

동학의 원인을 누구보다 잘 알고 있던 지석영과 동학 농민을 토벌한 지석영과 개화를 주장하던 지석영과 의대 총장 지석영과 국어학자 지석영. 모두 동일인물이다. 1909년 12월 12일 한자통일회漢字統一會 주최로 이토 히로부미 추도식에서 추도문을 낭독한 지석영도 동일인물이다. 이토 약사略史는 한성부민회장 유길준이 읽었다.(1909년 12월 14일 『황성신문』)

2002년 부산 시민단체 '극일운동시민연합'은 이 사실을 들어 지석영을 친일파라 주장했고 부산시는 그를 '부산을 빛낸 인물'에서 제외했다. 2003년 과학기술부 또한 '과학기술인 명예의 전당' 15인에 선정했던 지석영을 제외했다.

두 형제의 식민지

1893년 양력 11월 지운영은 청나라 상해에서 윤치호를 만나 조선 정부의 부패와 폭정 이야기를 나눴다.(『윤치호일기』, 1893년 11월 23일) 그리고 운영은 칼을 버리고 세상을 등졌다. 1911년 그는 경기도 안양에 있는 관악산 중턱 삼막사에 암자 백련암을 짓고 은둔했다. 가끔 벗들이 찾아왔지만 대화는 없었다. 1920년 5월 20일자 일기에 윤치호는 이렇게 썼다. "삼막사 절 옆에는 유명한 미치광이 화가 지운영 씨가 오두막 같은 곳에서 살고 있다."

경기도 안양 삼성산에 있는 삼막사는 677년 통일신라 때 원효가 만든 절이다. 삼성산은 관악산이다. 원효 이후 1234년이 지난 1911년 백련거사 지운영이 삼막사에 백련암이라는 암자를 짓고 은둔했다.

화가가 된 것이다. 화가는 그곳에서 붓을 들어 칼을 그렸다. 김옥균 척살을 꿈꾸던 그 칼이기도 했고 그 자신이 심취했던 불교와 도교의 구도 방식이기도 했다. 그가 그린 산수화와 인물화는 천하 명품이어서 많은 사람들이 작품을 구입했다. 작품세계는 '초세적超世的'이었다.(1917년 7월 3일 『매일신보』·변경화, 「백련 지운영의 생애와 작품세계」)

사람들은 시詩, 문文, 서書, 화畵에 능한 '지사절池四絶'이라 불렀다. 종교에 심취해 기인이 되자 바보(痴·치), 미치광이(狂·광), 구도자(禪·선)와 지혜(慧·혜)를 더해 '지팔절池八絶'이라 불렀다.(1931년 5월 1일 『별건곤』) 지운영은 그가 머물던 백련암 바위에 거북 귀龜 자를 세 가지 형태로 새겨놓고 살다가

1935년 낙원동 집에서 죽었다.

그리고 넉 달 전 동생 석영이 죽었다. 총독부는 종두법을 대표적인 '일본의 개화 선물'로 대대적으로 홍보했다. 하여 지석영은 생전에도 큰 평가를 받았고 죽어서도 큰 평가를 받았다. 윤치호는 그 형제들에 대해 이렇게 기록했다. "두 형제분은 이 속세에서 신선처럼 살고 있다."(『윤치호일기』, 1920년 5월 29일) 종두법, 임오군란, 갑신정변, 동학혁명, 독립협회 그리고 망국과 식민지. 지운영-석영 형제는 그 파란만장한 역사를 신선처럼 관통해 살았다.

지운영이 삼막사 백련암에서 그린 〈관음항마일심보검〉(1920). 전업 화가로 변신한 그는 그림을 팔아 생활했다. 〈관음항마일심보검〉도 여러 점이 남아 있다. [국립중앙박물관]

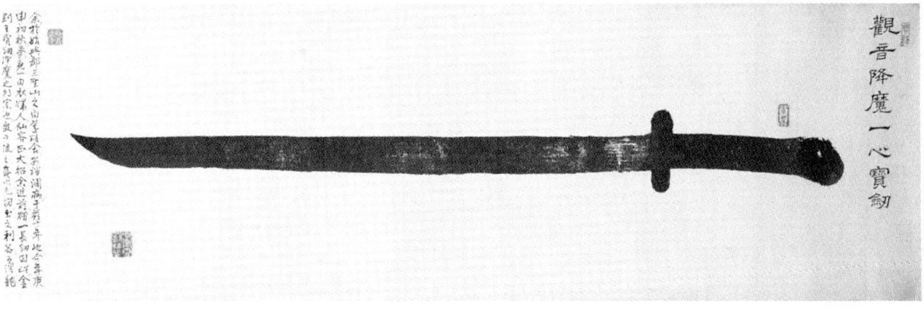

05 어떤 나라든 자멸하는 것이지 남이 망하게 할 수는 없다

100년 전 한용운이 던진 화두, 각성(覺醒)

2021년 10월 28일 경희대 철학과 명예교수 허우성은 『조선일보』에 기고한 칼럼에서 옛 글 하나를 인용했다. 내용은 이러하다.

'만고를 돌아보건대, 어느 국가가 자멸하지 아니하고 타국의 침략을 받았는가.'

일본이 침략해서 조선이 망한 게 아니라, 조선이 자멸했다는 말이다. 얼핏 보면 일제강점기가 모두 조선이 못난 탓이라는 식민사관으로 읽힌다. 그런데 인용된 원문에 이어진 내용을 보자.

'어느 개인이 자모自侮(스스로를 멸시함)하지 아니하고 타인의 모멸을 받았는가. 그러한 일은 없을 것이다. 망국亡國의 한이 크지 아니한 것은 아니나, 정복국만을 원망하는 자는 언제든지 그 한을 풀기가 어려운 것이다.'

무조건 일본에서만 나라가 사라진 원인을 찾고 분노만 하고 있으면 민족의 미래를 만들 수 없다는 말이다.

이 말을 한 사람은 만해 한용운(1879~1944)이다. 당시 조선일보에 『심우장 만필』이라는 글을 연재하면서 기고한 글 가운데 하나다. 제목은 '반성反省'이다. 때는 1936년, 나라가 사라지고 식민 시대가 26년을 넘긴 해였다.

1919년 기미독립선언과 유림

1919년 1월 22일 고종이 죽었다. 나라가 사라지고 9년째였다. 이렇다 할 구심점이 없던 조선 사람들은 이를 계기로 결집하려는 움직임을 보였다. 시장은 철시했고 시민들은 음주가무를 삼갔다. 수원에서는 조선 국왕 장례식 때 썼던 백립白笠이 품절됐다. 비분강개함을 참지 못하고 자결하는 유림도 있었다. 총독부가 임의로 정한 인산일(장례일)은 3월 3일이었다. 3월 2일 현재 서울에 모인 군중은 10만 명에 달했다.(서동일, 「1919년 파리장서운동의 전개와 역사적 성격」, 한국학중앙연구원 박사논문, 2008) 천도교를 중심으로 기독교와 불교계는 조직적인 저항운동에 착수했다.

하지만 유림에게 군주 고종의 '홍거薨去(왕의 죽음)'가 중요했고 그를 따르는 충군忠君 애국의식밖에 없었다. 사람들에게 그들은 독립과 무관한 '역겨운 상복을 입은 유교적 예문가'들이었다.(『윤치호일기』, 1919년 1월 23일) 독립운동가 임유동(1900~1950)이 "임금도 제 역할을 다하지 못하면 바꿔야 한다"고 주장하자 영남 유림 곽윤(1881~1927)은 "진짜 미친 놈(眞突兀漢·진돌올한)"이라고 비난했을 정도였다.(김황, 『중재선생문집』: 서동일 「파리장서운동의 전개와 영남지역의 숨은 협력자들」, 『대동문화연구』 89권 89호, 성균관대 대동문화연구원, 2015, 재인용)

훗날 성균관대학교를 세운 영남 유림 김창숙은 3월 1일 파고다공원에서 군중으로부터 이런 욕을 들었다. "나라를 망칠 때는 온갖 죄악을 다 지어놓고 민족적 독립운동에는 한 놈도 끼지 않은 오만한 놈들!"(심산기념사업준비위원회, 『벽옹일대기』, 「기미유림단사건에 관한 추억의 감상」, 1965)

2월 하순 불교 대표 한용운은 그 유림을 독립선언에 끌어들이기 위해 경남 거창 거유巨儒 곽종석을 찾아갔으나 즉답을 받지 못했다. 그리하여 3월 1일 태화관에 모였던 민족대표 33인 가운데 유림은 단 한 명도 없었다.

카메라에 각인된 당당함

체포된 민족대표들은 서대문형무소에서 수감카드용 사진을 찍었다. 붉은 벽돌담 앞에 선 한용운은 당당하다. 카메라를 응시하는 눈빛은 활활 타오른다. 이듬해 9월 24일 '독립선언사건'에 대한 공판이 열렸다. 재판장이 한용운에게 물었다. "조선 독립에 대한 감상은 어떠한가." 그가 이리 답했다.

"자존심이 있는 민족은 압박뿐 아니라 행복의 증진도 받을 생각이 없다. 이번 독립운동이 총독의 압박에 저항한 일이라고 착각하지 말라. 사천 년 장구한 역사를 가진 민족이 언제까지 남의 노예가 될 것인가."(1920년 9월 25일 『동아일보』) 그 어떤 간섭도 용인하지 않겠다는 의지였다.

하지만 이에 앞서 한용운이 던진 말은 의미심장하다. "고금동서를 물론하고 국가의 흥망은 일조일석에 되는 것이 아니다. 어떤 나라든지 스스로 망하는 것이지 남의 나라가 남의 나라를 망하게 할 수 없는 것이다. 수백 년 부패한 정치와 현대 문명에 뒤떨어져 나라가 망한 것이다."

일본의 압제에 의해 나라가 사라졌지만, 나라가 망한 근본 원인은 내부에 있었다는 것이다. '동서고금을 막론하고' 망국의 원인이 그러하니 조선은 조선인 스스로 부활시키도록 건드리지 말라는 뜻이다. 그리고 한용운은 "내가 감옥에서 지은 글이 있으니 읽어보라"며 진술을 마쳤다. 각성覺醒 없는 부패와 반성 없는 과거 집착이 나라를 사라지게 만든 근본 원인이라고, 일본인 재판장에게 당당하게 말한 각성한 승려였다.

'조선 독립에 대한 감상의 개요'

그 승려가 감옥에서 지은 글 제목은 「조선 독립에 대한 감상의 개요」이다. 1919년 7월 10일 검사 취조 때 작성한 글이다. 이 글은 곧바로 한용운의 상좌인 춘성이 빼돌려 그해 11월 4일 자 상해 임시정부 기관지 『독립신문』에 게재됐다.(박재현, 「만해 한용운의 평화사상」, 『통일과 평화』 9권 2호, 서울대 통일평화연구원, 2017) 한용운은 이 글에서 이렇게 물었다. "수천 년의 역사가 외

1919년 11월 4일 상해 임시정부 기관지 『독립신문』에 실린 한용운의 「조선 독립에 대한 감상의 개요」. 그해 7월 10일 총독부 검사 조사 과정에서 작성한 논문이다.

大韓民國元年十一月四日 獨立新聞 火曜日 (第二十五號) (三)

朝鮮獨立에對한感想의大要 (附錄)

七月十日

此書는獄中에게신我代表者가日人檢事總長의要求에應하야著述한者中의一인대祕密裏에獄外로送出한斷片을集合한者라

一、槪論

왼쪽은 1919년 한용운, 만 40세. 당당하고 기백이 넘친다. 오른쪽은 1929년 한용운, 만 50세. 10년 세월에도 당당함은 변함없다.

국 침략에 의해 끊기고 외국인의 학대하에 소와 말이 되면서 행복으로 여길 자가 있겠는가."

독립선언서를 인쇄한 천도교 계열 보성사 사장 이종일에 따르면, 한용운은 '고문의 공포에 통곡하는 사람들에게 똥을 퍼붓고'(이종일, 『묵암비망록』) 3년 형을 살고 출소했다. 1922년 5월 출소한 날 마중 나온 사람들에게 그가 이렇게 소리를 질렀다. "너희는 인사를 할 줄은 알고 (출소해서) 인사받을 줄은 몰랐더냐?"(김광식, 『만해 연구』, 동국대학교출판부, 2011)

세월이 갔다. 식민시대는 끝날 기미가 보이지 않았다. 그가 쉰 살이 된 1929년 12월 21일 한용운은 또 경찰에 소환돼 요시찰 인물 사진을 찍었다. 세월이 10년 흘러 얼굴에는 주름이 늘고 곤궁함도 엿보이지만 각성된 당당함과 초연함은 더욱 번뜩인다.

심우장에서 던진 화두, '각성'

출소 직후부터 재개된 사회 활동은 그가 죽을 때까지 끝이 없었다. 민립대학설립운동 지원(1923), 조선불교청년회(1924), 『님의 침묵』 발행(1926), 신간회 경성지회장(1927) 광주학생의거 민중대회 발기(1929). 그리고 1933년 서울 성북동에 집을 마련했다. 지인인 벽산 스님과 박광, 조선일보 사장 방응모 등이 마련해준 집 이름은 심우장尋牛莊이다. 심우장은 불교에서 진리의 상징인 '소'를 찾는 집이라는 뜻이다. 이곳에서 한용운은 '각성한 조선 민족'을 위해 많은 글을 지었다.

1936년에 『조선일보』에 연재한 『심우장 만필漫筆』에는 1920년 그가 법정에서 던졌던 화두가 더 깊게 발전해 있다. 내용은 이러하다.

'불행한 경지를 만나면 흔히 하늘을 원망하고 사람을 탓한다. 강자를 원망하고 사회를 저주하고 천지를 원망한다. 얼핏 보면 영웅처럼 보인다. 그러나 자기를 약하게 한 것은 다른 강자가 아니라 자기며, 자기를 불행케 한 것은 사회나 천지나 시대가 아니라 자기다. 망국의 원인이 제거되지 않는 이상 제이, 제삼의 정복국이 다시 나게 되는 것이다. 자기 불행도, 자기 행복도 타에 의하여 오리라고 생각하는 사람은 가련하기도 하지만 가증스럽기가 더할 수 없다.'(한용운, 『심우장 만필』, 「반성」)

그가 이렇게 덧붙였다.

'자각과 노력은 만사 성공의 원천이 된다.'

암울하기 짝이 없는 세상을, 침략자 일본을 탓하기에 앞서 노력과 자각으로 극복하라고 이 당당한 민족운동가 만해가 말했다. 이듬해 만주에서 전사한 독립투사 김동삼의 유해가 조선에 돌아왔다. 한용운은 김동삼을 심우장으

서울 성북동에 있는 심우장(尋牛莊). 만해 한용운이 1933년부터 광복 1년 전인 1944년 죽을 때까지 살았던 집이다.

로 모셔와 생전 처음 통곡을 하며 장례를 치렀다.

한용운의 고함 "죽지 마라!"

1942년 10월 조선어학회사건이 터졌다. 학자들이 대거 체포되고 조선어 사전 원고는 압수됐다. 핑계를 갖다 붙이면 아무나 체포되고 학생은 태평양 전쟁 학도병으로 징집당하는 사태가 몇 달을 갔다. 혜화전문학교 불교학과 출신 박설산 또한 징집영장을 받았다. 그해 말 박설산이 인천에 있는 여운형을 찾아갔다. 여운형은 "끌려가서 총 쏘고 칼 쓰는 법을 배우라"고 말했다. 그리고 심우장으로 가 한용운을 찾아갔다. 한용운은 방응모, 정인보와 함께 바둑을 두고 있었다. 사정을 들은 한용운이 갑자기 바둑판과 바둑알을 집어던지며 고함을 질렀다. "죽지 마라, 이놈들아!"

박설산은 이렇게 회상한다. "여운형 선생의 깊은 뜻을 몰라 심장이 터질 것 같았고, 살기 위해 죽지 말라는 게 아니라 살아남아야 할 지상명령이 있음을 알게 되었다."(박설산, 『뚜껑 없는 조선 역사책』, 도서출판 삼장, 1994, p227)

조선인은 각성 중이었다. 2년 뒤 한용운은 심우장에서 죽었다. 100년 전 각성과 반성을 주문했던 한용운이었다. 그 화두話頭, 100년이 흐른 지금 더욱 절실하지 않은가. 땅의 역사

답사 안내

* 각 장별 중요 답사지 주소 및 검색어입니다. 답사지가 없는 장은 제목만 표시했습니다.
* 대중교통은 인터넷으로 검색해주세요.
* 모든 장 이야기 배경이 여행하기 좋은 곳들만은 아닙니다. 답사할 곳이 전국으로 흩어져 있는 경우도 있습니다. 이런 점을 감안해주세요.
* 2020년 이후 대한민국을 지배 중인 코로나 바이러스 탓에 답사가 불가능한 곳도 있습니다. 꼭 미리 체크해주세요.

1장 정치와 정치인 - 사람이 하늘이니라

1. 연산군 폭정에 대처한 네 가지 자세 1

- 연산군 묘: 서울특별시 도봉구 방학동 산 77. 아내인 거창 신씨와 같이 묻혀 있다. 창 신씨 외할아버지인 세종의 넷째 아들 임영대군 땅이다. 앞에 있는 은행나무는 지금도 무속인들의 단골 기도처. 주차공간 매우 협소하다. 월요일 휴무
- 연산군 금표비: 경기도 고양시 덕양구 대자동 산 10-2. 도로변에 있다. 금표비 부근에 무풍군 이총을 비롯한 연산군에 의해 떼죽음을 당한 칠공자 가족 묘도 있다. 그 사당 앞에 주차를 하고 걸어서 답사해도 좋다.

2. 연산군 폭정에 대처한 네 가지 자세 2

- 초안산: 서울시 도봉구 창동 산 48-4 초안산근린공원. 이 공원에서 산행을 하면 등산로 주변에 방치된 옛 내시들 무덤들이 보인다.
- 노원구 비석골근린공원: 서울특별시 노원구 월계동 779. 초안산에서 수습한 석물들 전시해 놓았다.
- 임사홍 묘: 여주시 능현동 산 25-5. 임사홍 부친인 임원준묘를 검색하면 쉽다. 이후에는 산속을 조금 헤매야 임사홍 묘를 찾을 수 있다.

3. 모든 고문 다 당하고도 의연했던 의인 박태보

- 박세당 고택: 경기도 의정부시 동일로 128번길 36. 박태보와 아버지 박세당 묘도 이 고택 안에 있다. 고택은 고택 체험도 가능. ☐ 031-836-8600
- 박태보 사당: 고택에서 수락산 쪽 등산로로 승용차 5분 거리다.

4. 간신이 된 정도전(鄭道傳)과 나주 소재동(消災洞)

- 나주 소재동 정도전 유적: 전남 나주시 다시면 운봉리 622. 정도전이 살던 집을 재현해놓았다.
- 동구릉 건원릉: 경기 구리시 동구릉로 197. 가을에 가면 억새를 뒤집어쓴 위풍당당한 태조 이성계릉을 볼 수 있다. 그 릉 아래에 신도비 비각이 있는데, 이 비석에 '간신 정도전'이 새겨져 있다. 월요일 휴무
- 정도전 집터: 서울 종로구청. 건물 앞에 표석이 있다.

5. 반정공신 김자점의 기똥찬 처세술

- 세검정: 서울특별시 종로구 신영동 세검정로 244. 주차공간 없음. 개울 아래에 산책로가 있는데 산책로는 홍제천을 따라 한강까지 이어지니, 체력에 자신 있는 사람은 도전해볼 만하다.
- 자하문(창의문): 서울 종로구 청운동 산 1-1번지. 윤동주문학관 인근이다.

6. 전설이 된 행정가 이서구(李書九)의 잊힌 삶

- 춘천 이서구 묘: 춘천 남면 박암리 산 90-11. '박암관천길'이라는 도로에서 강쪽으로 들어가다 보면 왼쪽 언덕 위에 무덤이 보인다. 길 끝에 주차공간이 있다.
- 정읍 피향정: '피향정'이라고 검색. 정자 왼편에 있는 비석들을 잘 봐야 한다. 오른쪽 끝 쪽에 이서구, 왼쪽 끝 쪽에 조병갑 아비 조규순 선정비가 있다.
- 정읍 군자정: 정읍시 고부면 고부리 65. 고졸한 연못 가운데에 정자가 있고, 그 정자를 니은 자로 에워싼 각종 선정비들이 있다.

7. 구체적이고 실효적인 정책가 토정 이지함

- 아산 걸인청: '아산 영인초등학교' 검색. 학교 정문이 옛 아산현청 흔적이다.
- 보령 이지함 묘: 충남 보령시 토정로 1048

8-9. 실용주의 관리 서유구가 난세에 대처한 자세

- 전라감영: 전북 전주 전라감영로 55. 경기전과 한옥거리, 풍남문이 모두 인근이다.
- 고창 학원농장: 고창군 공음면 학원농장길 154. 보리, 해바라기, 메밀이 사철 교대로 피어난다.

2장 개혁과 반동 - 소리 내 울 곳이 없구나

1-3. 극적이고 불우했던 소현세자 부부의 일생

- 소경원(사도세자 묘): 경기도 고양시 서삼릉 경내. 젖소개량사업소 구내라 일반인에 개방 안 됨. 궁릉유적본부(🌐royal.cha.go.kr)와 젖소개량사업소(☐ 031-929-1080)에 미리 출입신청 후 허가가 나면 출입 가능. 문의는 궁릉유적본부 서오릉관리사무소 ☐ 02-359-0090

- 광명 영회원(강빈 묘): 경기 광명시 노온사동 산 141-20. 역시 출입은 허가사항이다. 궁릉유적 본부 서오릉관리사무소 ☐ 02-359-0090
- 파주 장릉(인조릉): 경기 파주시 탄현면 장릉로 90. 월요일 휴무
- 여주 효종 영릉: 경기 여주시 능서면 왕대리 901-3. 월요일 휴무
- 서산 김홍욱 묘: 충남 서산군 대산읍 대로리 산 1-1(서산시 대로화곡길 50-13). 도로변에 작은 공원이 조성돼 있다.

4. 反(반) 중화파 실학자 홍대용과 주춧돌만 남은 그 집터

- 석실서원터: '김상헌선생묘'를 검색할 것. 남양주시 와부읍 석실로 336번길 11-63
- 천안 홍대용 묘: '홍대용선생묘' 검색할 것. 충남 천안시 동남구 수신면 장산리 462-22. 인근에 홍대용과학관이 있다.
- 천안 홍대용 집터: '홍대용선생 생가지' 검색. 장산리 주택가 한가운데에 풀밭과 주춧돌이 있다.
- 한명회 묘도 근처에 있으니, 시간이 되면 구경할 만하다. 어마어마한 신도비다.

5. 사대(事大)를 비판한 임제(林悌)와 만주에서 울어버린 박지원(朴趾源)

- 김제 지평선: '전북 김제 광활면'을 지도에서 검색한 뒤 지도에서 '민가사섬'이 서쪽으로 보이는 곳으로 갈 것. 차량 통행이 가능한 포장도로 끝 지점에서 석양을 만나면 된다.
- 임제 유적: '나주 백호문학관' 검색. 문학관 뒤편에 임제가 공부하던 영모정이 있다.
- 임제 묘: 전남 나주시 다시면 가운리 141. 백호문학관에서 멀지 않다.

3장 전쟁과 군상 - 장엄했으며 처절하였니라

1. 전쟁에 대처하는 두 가지 방법 1

- 강화도 초지진, 덕진진, 광성보: 각각 이름을 검색하면 나온다. 김포에서 초지대교를 건너 우회전하면 이 순서대로 답사 가능. 초지진에서 답사 티켓을 사면 할인받을 수 있음. 연중무휴

2. 전쟁에 대처하는 두 가지 방법 2

- 진도 울돌목: '우수영국민관광지' 검색. 관광지 아래 해변 갯바위에 작은 이순신 동상이 서 있다. 진도대교 건너편 진도 쪽에는 '이충무공승전공원'이 있다. 석양에 가면 좋다.
- 순천 낙안읍성: '낙안읍성' 검색. 이순신 관련 전설이 남은 큰 은행나무가 있다.
- 남원읍성지: 남원시 동충동 464-1. 옛 성곽 일부가 복원돼 있다.
- 남원역 폐역: 전북 남원 동충동 795-1. 역 내에 남원읍성 북문터가 있다. 또 남원전투 때 순절한 만인의총이 원래 있던 자리도 보존돼 있다.
- 남해 이락사: 경남 남해군 고현면 남해대로 3829. '이순신순국공원'을 검색.

• 고금도 이순신 초장지: 노량해전에서 전사한 이순신을 처음 가매장했던 곳. '고금도 충무사' '고금도 월송대' 검색. 가매장한 자리에는 풀이 자라지 않는다.

3. 포수 의병장 김백선의 허무한 죽음

• 양평 김백선 묘: '김백선의병장 묘소' 혹은 경기도 양평군 청운면 아실길 46-12. 주차장 있음.
• 춘천 류인석 묘: '의암류인석기념관' 혹은 강원 춘천시 남면 가정리 산 91. 주차장 넓음.

4. 서울 진공 작전과 13도 총사령관 이인영의 귀향

5. 남한 폭도 대토벌 작전과 시답잖은 친일파 신응희

6. 위정척사파의 태두 최익현의 만들어진 신화

• 최익현 묘: '최익현선생묘' 혹은 충남 예산군 광시면 관음리 356-2. 묘역 입구 왼쪽에 있는 비석을 볼 것. '아사순국'이라는 오류가 아직 시정되지 않았다.
• 논산 궐리사: '노성궐리사' 검색. 바로 옆에 노론 거두 송시열과 정적이었던 윤증 고택이 있는데 함께 답사하는 것을 추천한다.

7-8. 불꽃처럼 살아간 혁신유림

• 안동 임청각: '임청각'을 검색하면 된다.
• 안동 내앞마을 백하구려: '백하구려' 혹은 경북 안동 임하면 천전리 257. 김동삼 선생 생가지도 마을 안에 남아 있다.
• 서울 명동 이회영 집터: 명동 1가 1-3. 서울 명동성당 맞은편 NH농협은행 골목 안쪽에 있다.

4장 상남자 - 그 발자국이 너무도 깊으니

1. 인왕산 기슭에 살았던 화가 김명국과 정선

• 인왕산
• 경복궁 경내 영추문 앞쪽: 인왕산을 감상하기 좋은 공간이다.
• 서울 서대문구 안산: 역시 인왕산과 한양을 조망하기 좋은 공간이다. '언북중학교' 쪽 등산로가 완만하게 잘 조성돼 있음. 이쪽에서 보는 인왕산이 <인왕제색도>와 앵글이 유사하다.

2. 흥선대원군 이하응의 파란만장한 삶과 천자(天子)의 나라

• 운현궁: '운현궁' 검색. 월요일 휴무
• 흥선대원군 묘: 경기 남양주 화도읍 창현리 산 22-73. 철문 뒤로 한참 걸어오른다.

• 덕수궁 석조전 앞: 1913년에 고종과 순종이 총독부 관리들과 영친왕 환영 기념사진을 촬영한 자리다.

3. 사상을 초월한 항일투사 양세봉의 죽음

• 양세봉 묘: 서울 국립현충원 애국지사묘역 149번

4. 다사다난했던 지운영-석영 형제의 일생

• 삼막사 암각: 경기 안양 석수 1동 삼막로 478. 차량으로 절까지 오를 수 있다. 주차장 있음. 지운영이 새겨놓은 암각은 대웅전 옆 계단 위에 있다.

5. 100년 전 한용운이 던진 화두, 각성(覺醒)

• 서울 서대문형무소역사관: '서대문형무소역사관' 검색. 월요일 휴무
• 성북동 심우장: 서울 성북구 성북로 29길 24. 주민용 주차장 있음(성북동 우리마을공동제9호 주차장. 서울 성북구 성북동 348-19). 웬만하면 대중교통을 이용한 뒤 걸어서 올라가기를 추천한다.
• 망우동 한용운 묘소: 서울 중랑구 망우로 570. 흔히 '망우리공동묘지'라고 한다. 묘역 내에 근대사를 살아간 수많은 인물들이 잠들어 있으니, 이 공원만 답사해도 충분하다!